GUÍA PARA E

La **AGENDA** del *Reino*

Perspectiva bíblica

POR TONY EVANS

Tony Evans nos enseña, en términos prácticos,
cómo *La agenda del reino*
nos trae un nuevo sentido de propósito
en la vida diaria.

Vida

DEDICADOS A LA EXCELENCIA

La misión de Editorial Vida es proporcionar los recursos necesarios a fin de alcanzar a las personas para Jesucristo y ayudarlas a crecer en su fe.

LA AGENDA DEL REINO
GUÍA PARA EL ALUMNO / PERSPECTIVA BÍBLICA
© 2006 Editorial Vida
Miami, Florida

Publicado en inglés con el título:
THE KINGDOM AGENDA - BIBLICAL PERSPECTIVE / STUDENT JOURNAL
POR COOK COMMUNICATIONS MINISTRIES
© 2000 COOK COMMUNICATIONS MINISTRIES

Traducción: *Silvia Himitian*
Edición: *Virginia Himitian*
Diseño de interior y cubierta: *Pablo Snyder*

ISBN-10: 0-8297-4674-9
ISBN-13: 978-0-8297-4674-7

Categoría: *Estudios bíblicos / Estudios generales / General*

Impreso en Estados Unidos de América
Printed in the United States of America

06 07 08 09 ❖ 8 7 6 5 4 3 2 1

Índice

CÓMO PINTAR EL CENTRO DEL BLANCO

En cierta ocasión un hombre fue a pasar el día con un amigo que vivía en una granja. Notó que en una de las paredes laterales del granero había dibujados veinte blancos. Cada blanco tenía un agujero justo en el centro. El visitante preguntó: «¿Quién ha estado disparando contra el costado de tu granero?»

«¡Ah!, he sido yo.»

«¡Pero no puedo creer que haya alguien que tenga tanta puntería!»

«Fue fácil. Disparé primero y luego dibujé el blanco en torno a la perforación hecha por la bala.»

Esta historia graciosa ilustra la situación que enfrenta nuestra sociedad en estos días. Hacemos cualquier cosa por dar la impresión de que nuestras vidas están dando en el blanco ¡cuando en realidad todo lo que hemos logrado es «dibujar» las cosas! Buscamos camuflar nuestro fracaso escondiéndolo en el materialismo; algunos aun tratan de llenar su vacío con actividades religiosas y se hacen miembros de alguna iglesia. Aprenden a mostrarse, hablar y actuar como cristianos. Pero todas estas cosas en ellas mismas son simplemente «cartón pintado», tratan de ocultar la realidad que está por detrás: somos un pueblo y una cultura que desgraciadamente está errando el blanco, y que se ha organizado a partir de una agenda de enajenación.

Queridos amigos, existe una agenda mejor. Nuestra disposición a aprender acerca de La agenda del reino de Dios es dar un paso adelante en la manera de vivir que apunta a un blanco. Es mi deseo que Dios use este estudio para capacitarnos e inspirarnos en nuestro caminar con Dios. A medida que vayamos desarrollando nuestra vida espiritual a través de este estudio y vayamos aplicándolo a las otras instituciones del reino, como lo son la familia, la iglesia y la comunidad, creo que descubriremos que estamos entrando en una esfera totalmente nueva de la vida espiritual y podremos apreciar la forma en que la perspectiva del reino se aplica a la totalidad de la vida.

Qué el Señor pueda usar este estudio para transformar nuestra vida y equiparnos para vivir todo el tiempo de acuerdo con La agenda del reino.

¡BIENVENIDOS A...

... un emocionante estudio acerca de los desafíos, alegrías y recompensas que presenta esta manera de vivir el reino a «toda máquina»! En las páginas que siguen, iremos descubriendo lo que significa vivir como ciudadanos del reino en nuestra familia, iglesia y comunidad. Agregado a esto, tendremos la oportunidad de encontrarnos semanalmente con otros que desean alcanzar la misma clase de vida renovada que nosotros y también de lograr la transformación de nuestras relaciones.

CÓMO USAR LA GUÍA:
UNA OPORTUNIDAD DE TODOS LOS DÍAS

Debemos usar nuestra guía para el alumno de *La agenda del reino* todos los días. ¡No tenemos que leerlo entero de una sola vez! Podemos abrir este libro durante nuestro tiempo de meditación del día *-de cada día-* y él nos enfocará uno de los aspectos de la agenda del reino de Dios que necesitamos conocer. Luego se nos invitará a reflexionar sobre esa verdad y otras escrituras relacionadas, y a descubrir las maneras en que los principios bíblicos se aplican a la vida cotidiana.

Al responder las preguntas que aparecen en el libro, tenemos como meta final, por supuesto, profundizar nuestra comunión con Dios. En la medida en que nos abrimos, el Señor nos va guiando a las verdades y a crecer en nuestro deseo de agradarlo en todo lo que podamos. Y a medida que nos vayamos transformando, esa renovación espiritual fluirá hacia las relaciones familiares, la comunión en la iglesia, y finalmente influirá sobre toda la comunidad que nos rodea. El tema que el Dr. Evans ha estado predicando prioritariamente durante muchos años se refiere a que la agenda del reino de Dios transformará al mundo. Pero, sin embargo, comienza por los individuos, por cada uno que se convierte en un discípulo entregado a Jesús. Y eso empieza en el dedicar tiempo todos los días para estar con él.

¿Cómo se conforma el material de esta guía? Al realizar las lecturas diarias nos encontraremos con las siguiente secciones:

- *Focalizar:* Aquí encontraremos alguna cita sustanciosa del Dr. Tony Evans que nos conducirá directamente al tema de la lectura del día.

- *Buscar nuevas perspectivas:* Estas citas más extensas tomadas del libro del Dr. Evans *La agenda del reino* logran que las verdades prácticas del reino hagan contacto con la Tierra. Cada lectura va seguida de una pregunta para «reflexionar» (que nos lleva a pensar en el significado de lo que acabamos de leer) y otra que tiene que ver con «conectar» (o sea relacionar las lecturas con la vida práctica).

- *Aplicar esas perspectivas:* Aquí nos preguntamos: «¿Qué implica esto para mí en el momento presente y frente al futuro?» La sección «¿En qué me afecta?» nos provee una pregunta para realizar una evaluación personal, o un ejercicio que haga que la lectura se vuelva lo más personal y pertinente posible.

- *Avanzar hacia un compromiso:* Se trata de un tiempo para hacer consideraciones: «¿Qué puedo hacer para responder a los desafíos de la agenda del reino?» Anotemos ideas para lograr el cambio, pero de una en una. También consideremos de qué maneras el grupo nos puede ayudar a mantenernos fieles a los cambios que se están produciendo en nuestro estilo de vida.

- *Examinar la Palabra:* Ya que mantenemos la Biblia a mano durante nuestro tiempo devocional, ¿por qué no reflexionar sobre las Escrituras mencionadas en esta sección? Brindan apoyo a los conceptos y principios sobre los que el Dr. Evans nos enseña.

- *Tiempo de oración:* Esta sección nos proporciona el espacio para anotar nuestras cargas y pedidos de oración, y poder así llevarlos al grupo pequeño. Hagamos referencia a estas notas durante el tiempo de oración conjunta.

REUNIÓN CON OTRAS PERSONAS:
UN TIEMPO DE COMUNIÓN SEMANAL

El crecimiento espiritual se produce mejor dentro de un contexto de comunión con otros creyentes que tienen la misma comprensión de las cosas. Esa es la razón por la que este curso incluye dos partes en su proceso de desarrollo: por un lado las lecturas individuales durante la semana, y por el otro una reunión con un grupo pequeño durante el fin de semana.

A través del uso de la guía para el alumno de *La agenda del reino*, llevaremos a cabo las lecturas y estudios que nos prepararán para la reunión semanal con el grupo. En la guía podremos registrar nuestras percepciones y comentarios, así como anotar nuestras preguntas y pedidos de oración, a fin de poder hacer un aporte durante el encuentro. En otras palabras, a medida que anotamos nuestras respuestas y reacciones a las diversas preguntas, vamos acumulando «leña» para hacer que el debate de la reunión de nuestro grupo semanal resulte más vivo. No olvidemos llevar la guía que hemos ido completando, de manera que podamos hacer referencia a nuestros pensamientos y comunicarlos a los demás. El líder de nuestro grupo cuenta con nuestra viva participación en los debates del grupo, y espera que aportemos nuestras ideas acerca de lo que hemos aprendido a través de nuestras lecturas diarias.

Finalmente, recordemos que las lecturas obligatorias han sido adaptadas del libro del Dr. Tony Evans *The Kingdom Agenda: What a Way to Live!* [La agenda del reino: ¡vaya manera de vivir!], Word Publishing, 1999. El Dr. Evans es un pastor reconocido y amado, y también un ministro radial lleno de una profunda pasión por la iglesia. Él anhela ver una transformación en toda la sociedad. Pero sabe que solo puede comenzar a través de los individuos, a partir del compromiso renovado de cada creyente a vivir diariamente sabiendo que «Dios está en control». Si esto refleja tu mismo deseo, ¡adelante con la lectura!

UN MUNDO
QUE HA ERRADO EL BLANCO

1

DÍA 1: CAOS PERSONAL Y FAMILIAR

Antes de comenzar, pensemos...
- ¿Cuáles son mis expectativas de aprendizaje para esta semana de estudio?
- ¿Estoy abierto a adquirir nuevas perspectivas y permitirle a Dios que me conduzca hacia nuevas actitudes y conductas?

FOCALIZAR

Una carencia de verdad ha llevado a nuestra sociedad a un «adormecimiento de la conciencia», de modo que la gente puede pecar en gran escala sin sentir aflicción emocional o espiritual por su conducta. Dios ha creado ese sentimiento de dolor, sea físico o espiritual, para mostrarnos que algo anda mal y para evitar que traspasemos los límites.
— Dr. Tony Evans

- *¿Noto alguna carencia de verdad en el mundo que me rodea?*
- *¿He tomado alguna vez la aflicción como un mensaje del Señor?*

BUSCAR NUEVAS PERSPECTIVAS

A juzgar por la tremenda demanda que tienen los libros de psicología, las clínicas y los programas sobre el tema, parecería que la falta de significado y de realización personal está llegando a niveles nunca antes alcanzados. ¡Si no estuviera en el ministerio, me haría psicólogo y le cobraría a la gente doscientos dólares por hora para explicarles la razón por la que necesitan seguir viniendo todas las semanas!

Pero permítanme mostrarles la realidad de la situación. Si nosotros somos personas descompaginadas que tenemos una familia, vamos a contribuir a que nuestra familia se descompagine también. Y si somos personas descompaginadas que contribuimos a formar familias descompaginadas que van a la iglesia, lograremos que nuestras familias descompaginadas, además, descompaginen la iglesia.

Si somos ese tipo de personas complicadas y retorcidas que trastornan la familia y la iglesia; contribuiremos a descompaginar el vecindario en el que está situada nuestra iglesia. Al descompaginar el vecindario, descompaginaremos también la ciudad, ya que ese barrio forma parte de ella.

¿Somos capaces de ver el efecto *bola de nieve* que se produce? Con el tiempo, nos encontraremos frente a un mundo descompaginado.

Así que, si deseamos un mundo mejor, compuesto por mejores países, habitados por mejores estados, integrados por mejores condados, compuesto por mejores ciudades, conformadas por mejores vecindarios, iluminados por mejores iglesias, integradas por mejores familias, no nos queda otra opción que convertirnos en mejores personas. *¡Todo comienza con la responsabilidad personal!*

El quiebre del individuo como persona ha causado efectos devastadores en la familia norteamericana. A pesar de los más de veinte años de fallidos programas sociales, la familia norteamericana, otrora estable, se ha ido deteriorando rápidamente. ¡Las parejas viven como si hubiesen sido unidas en matrimonio por la secretaría de guerra y no por un juez de paz!

—Dr. Tony Evans, *La agenda del reino*

Reflexionar: A mi entender, ¿cómo es la apariencia de una persona o de una familia «descompaginada»?

Conectar: ¿Hasta qué punto la responsabilidad personal ha sido un tema importante en mi vida o en la de mi familia?

APLICAR ESAS PERSPECTIVAS

¿En qué me afecta?: Si el 1 representara lo «totalmente descompaginado» y el 10 lo «totalmente sano», ¿en que grado de la escala me encontraría? (Hacer un círculo alrededor del número).

1   2   3   4   5   6   7   8   9   10

- *¿Qué otras perspectivas hacen aflorar en mí estos pensamientos? ¿Tengo alguna pregunta más con respecto a lo dicho por el doctor Evans? ¿Se me ocurre alguna otra idea en cuanto a la aplicación personal?*

AVANZAR HACIA UN COMPROMISO

* *Una de las cosas que necesito para crecer en cuanto a asumir responsabilidad personal es:*

* *Un primer paso a dar sería:*

* *Para alcanzar una mayor transparencia con el grupo, lo más importante que debería transmitirle es:*

EXAMINAR LA PALABRA

Asegurémonos de analizar aquellas escrituras que se relacionan con la «responsabilidad personal»:

* Génesis 4:1-10
* Mateo 27:20-26
* 2 Tesalonicenses 3:6-10

TIEMPO DE ORACIÓN

Amado Señor, ayúdame a recordar que el asumir responsabilidad personal se relaciona con mi familia, la ciudad y la sociedad. **Específicamente te pido que:**

DÍA 2: IGLESIA EN CAOS:
¿UNA ESPIRITUALIDAD McCRISTIANA?

Antes de comenzar, pensemos...
- *¿De qué manera las enseñanzas de ayer afectaron mis actitudes y conducta durante el día?*
- *¿Qué me gustaría hacer de «otra manera» en el futuro?*

FOCALIZAR
Hemos realizado una tarea admirable en cuanto a maldecir las tinieblas. Pero hemos logrado muy poco en lo que hace a propagar la luz.
—Dr. Tony Evans

- *¿Por qué resulta más fácil condenar el pecado que resolver problemas?*
- *¿Qué debe hacer una iglesia para «propagar la luz»?*

BUSCAR NUEVAS PERSPECTIVAS
Resulta muy sorprendente lo mucho que se ha alejado la cultura norteamericana de la moral que le proveía sus amarras. ¿Y qué de la iglesia? ¿Qué tipo de influencia ha ejercido la iglesia en medio de este colapso personal y familiar? Notamos que su influencia ha declinado muy rápidamente. A menudo vemos que se ridiculiza, se critica, y se rechaza por completo a la iglesia y todo lo que ella representa, o simplemente se la ignora en medio de la escena pública. Esto sucede al mismo tiempo que los puntos de vista de un mundo humanista y no profesante de la religión cristiana, ganan aceptación entre la gente.

La mayor parte de esta sociedad no cristiana no ha tomado ni la palabra ni la persona de Dios con seriedad. Y la iglesia no ha resultado eficaz en su intento por impactar con el mensaje de Cristo los niveles más profundos de nuestra cultura.

Por lo tanto, la iglesia ha contribuido a la decadencia espiritual de la cultura norteamericana, ya que no ha logrado producir un pueblo del reino que dé cumplimiento a la agenda del reino que Jesucristo determinó para nosotros en su Palabra. Dicho de otra manera, la iglesia ha fracasado en cuanto a manifestar y ejemplificar claramente cuáles son las soluciones del reino para las cuestiones críticas de nuestros días.

Aunque afirmamos ser la familia de Dios; sin embargo somos una familia en crisis, incapaz de asumir un liderazgo delante de esta nueva cultura. Más que ser iglesia en el mundo, hemos permitido que el mundo y su agenda invadieran la iglesia y contribuyeran a la conformación de nuestro pensamiento y nuestras acciones. Como resultado hemos caído en lo que yo llamo una espiritualidad mixta, una espiritualidad «McCristiana».

Esto nos ha llevado a ser cristianos débiles, que conducen familias débiles, que producen iglesias débiles y que constituyen una nación débil. Creo que la mayor necesidad de la iglesia en estos días no es que los pecadores acepten nuestros puntos de vista sobre el mundo, sino que nosotros aceptemos el que debería ser nuestro punto de vista sobre el mundo nuestra Agenda- y lo convirtamos en el modus operandi de nuestro diario vivir.   —Dr. Tony Evans, *La agenda del reino*

Reflexionar: ¿Qué evidencias tenemos de que la iglesia haya contribuido a la decadencia de nuestra cultura?

Conectar: ¿Cómo definirías la «espiritualidad McCristiana»? ¿La has visto en acción dentro de la iglesia? ¿Has notado que opere en ti?

APLICAR ESAS PERSPECTIVAS
¿En qué me afecta?: ¿Qué cosas debería dejar de hacer para no ser un McCristiano? ¿Qué cosas debería comenzar a hacer?

- *¿Qué otras perspectivas hacen aflorar en mí estas lecturas? ¿Tengo alguna pregunta más sobre las expresiones del doctor Evans? ¿Se me ocurre alguna otra idea para la aplicación personal?*

AVANZAR HACIA UN COMPROMISO

- *Algo que debería hacer para poder incorporar las enseñanzas de la iglesia a mi estilo de vida es:*

- *Un primer paso a dar sería:*

- *Para alcanzar una mayor transparencia con el grupo, lo más importante que debería transmitirle es:*

EXAMINAR LA PALABRA

Asegurémonos de analizar aquellas escrituras que se relacionan con la «verdadera vida de iglesia»:
- Hechos 2:38-47
- 1 Corintios 3:5-23
- Filipenses 3:12-21

TIEMPO DE ORACIÓN

Amado Señor, dame el valor para recordar que las cosas que me enseñan en la iglesia se relacionan con mi vida diaria. **Específicamente te pido que:**

DÍA 3: CAOS SOCIAL: EL CHOQUE ENTRE LAS DISTINTAS CONCEPCIONES DEL MUNDO

Antes de comenzar, pensemos...

- *¿De qué manera las enseñanzas de ayer afectaron mis actitudes y conducta durante el día?*
- *¿Qué me gustaría hacer de «otra manera» en el futuro?*

FOCALIZAR

La popularidad de ciertos talk shows televisivos indica cómo erramos al blanco en cuanto a lograr una vida espiritual bien equilibrada en todos los aspectos. La cantidad de parloteo por hora que incluyen estos programas, conducidos por presentadores que hacen desfilar toda suerte de personas inadaptadas delante del público, invocando la necesidad de información y entretenimiento; revelan lo descarriada que está la sociedad hoy.
                                                                    —Dr. Tony Evans

- *Según el Dr. Evans, ¿cuál es el atractivo de este tipo de programas de televisión?*
- *¿Me siento tentado a mirar ese tipo de «entretenimiento»?*

BUSCAR NUEVAS PERSPECTIVAS

Prácticamente todas las instituciones de nuestra cultura reflejan lo lejos que estamos de dar en el blanco.

Las instancias que regulan la justicia criminal ni siquiera pueden comenzar a contener el aumento del crimen que hace que la población viva detrás de ventanas y puertas con rejas mientras que las pandillas, los criminales y los traficantes de drogas controlan las calles.

Tampoco la educación ha logrado detener la corriente de degradación moral que nos envuelve. Hoy en día es frecuente ver detectores de metales en muchas escuelas secundarias, y en algunas ciudades los estudiantes tienen que someterse a una prueba de alcoholemia antes de ingresar a su clase. Esto es una demostración palpable de lo que sucede cuando una sociedad intenta enseñar transmitiendo información pero sin incorporar una ética.

La multitud de libros, seminarios, talleres y simposios que tenemos a nuestra disposición no nos han permitido establecer puentes por encima de las divisiones culturales, raciales y de clase que nos separan. Los adelantos tecnológicos avanzan mucho más rápido que nuestro sentido comunitario. Podemos enviar sondas robóticas para analizar la superficie de Marte, pero no somos capaces de controlar la manera en la que nos relacionamos. En el mismo centro de este caos y descomposición social, motivándolo, se encuentran las diferentes percepciones y puntos de vista del mundo, o sea aquellos presupuestos que determinan la manera en que analizamos e interpretamos la vida. La perspectiva humanista coloca al hombre en el centro del Universo, de modo que intenta definir al hombre y sus modos de relación únicamente desde presupuestos naturales. El deísmo, por otro lado, coloca a Dios en su justo lugar, o sea en el centro del Universo como la autoridad principal de la vida, a través de quien se debe medir todo lo demás.

Ambas concepciones del mundo son de naturaleza religiosa, dado que las dos requieren de la fe: fe en el hombre o fe en Dios. Ambas perspectivas producen un conjunto de principios y normas -una Agenda- a ser usado para definir la forma en que se debe vivir. El lugar hacia donde una sociedad se orienta está determinado por aquella perspectiva del mundo que prevalece en ella. A juzgar por el rumbo que está tomando nuestra sociedad, ¡resulta obvio que necesitamos una nueva Agenda!

—Dr. Tony Evans, *La agenda del reino*

Reflexionar: ¿Creemos que los humanistas estarían de acuerdo con la afirmación de que ellos también tienen «fe»? ¿Por qué?

Conectar: ¿En qué dirección marcha la comunidad que nos rodea? ¿Qué concepción del mundo parece empujarla en esa dirección?

APLICAR ESAS PERSPECTIVAS

¿En qué me afecta?: Cuando me encuentro con una concepción del mundo que choca con la perspectiva que me provee el reino, generalmente...

___miro para otro lado, y me voy de allí.

___hablo y trato de hacer razonar a los otros para lograr que cambien.

___salgo a organizar una protesta.

- *¿Qué otras perspectivas hacen aflorar en mí estas lecturas? ¿Tengo alguna pregunta más sobre las expresiones del Dr. Evans? ¿Se me ocurre alguna otra idea para la aplicación personal?*

AVANZAR HACIA UN COMPROMISO

- *Una de las cosas que necesito hacer para resistir la influencia humanista que me rodea es:*

- *Un primer paso a dar sería:*

- *Para alcanzar una mayor transparencia con el grupo, lo más importante que debería transmitirle es:*

EXAMINAR LA PALABRA

Asegurémonos de analizar aquellas escrituras que se relacionan con una «concepción humanista del mundo».

- Salmo 1
- Salmo 53:1-5
- Hechos 17

TIEMPO DE ORACIÓN

Querido Señor, transforma mi concepción del mundo para que esté más de acuerdo con tus puntos de vista. **Específicamente te pido que:**

DÍA 4: ¿UN CASO DE SIDA ESPIRITUAL?

Antes de comenzar, pensemos...
- *¿De qué manera las enseñanzas de ayer afectaron mis actitudes y conducta durante el día?*
- *¿Qué me gustaría hacer de «otra manera» en el futuro?*

FOCALIZAR
Estamos sufriendo un problema de SIDA espiritual. Nuestro sistema de inmunidad espiritual ha sido dañado gravemente, y como consecuencia los resfríos culturales se han convertido en una neumonía social, y las infecciones culturales menores ahora amenazan nuestra vida. Ninguna de las medicinas que utilizamos logra solucionar el problema. Lo máximo que hacen es inhibir algunos de los síntomas en forma temporal.
— Dr. Tony Evans

- *¿Nos parece que la expresión «SIDA espiritual» constituye una manera adecuada de describir los problemas que enfrenta nuestra sociedad? ¿Por qué?*
- *¿Qué evidencias podemos descubrir a nuestro alrededor de que el sistema de inmunidad espiritual está dañado?*

BUSCAR NUEVAS PERSPECTIVAS
La consejería telefónica no da respuesta a nuestra sensación de vacío interior. Los talleres, conferencias, y aún los llamados del presidente a renovar la armonía entre nosotros no ofrecen solución a las crisis raciales. El aumento de la cantidad de agentes de policía no consigue erradicar el problema de la delincuencia. El incremento en la distribución de condones y una mayor la educación sexual no logran acabar con nuestros problemas morales. Y el auge de nuestro activismo no alcanza para resolver las situaciones sociales.

¿Qué es lo que pasa con este mundo?

Creo que 2 Crónicas 15:3,5-6 (Reina-Valera 1995) -en un pasaje que se refiere al antiguo Israel- capta y resume el corazón mismo de nuestro problema:

> *Muchos días ha estado Israel sin verdadero Dios y sin sacerdote que enseñara, y sin Ley. En aquellos tiempos no hubo paz, ni para el que entraba ni para el que salía, sino muchas aflicciones sobre todos los habitantes de las tierras. Una gente destruía a otra, y una ciudad a otra ciudad; porque Dios los turbó con toda clase de calamidades.*

Al analizar estos versículos, notamos un cuadro de gran caos espiritual y social, el derrumbe de una sociedad. ¿Cuál era el problema? Faltaban tres cosas fundamentales dentro de la vida nacional de Israel, y creo que son las mismas que faltan hoy en la vida de los Estados Unidos.

La primera cosa ausente era el «Dios verdadero».

La segunda cosa en falta eran sacerdotes que enseñaran.

Y el tercer ingrediente que no estaba presente era la ley de Dios.

Cuando una cultura tiene una perspectiva falsa de Dios, basada en información deficiente, Dios quita la valla de contención que implica su ley, y el mal empieza a crecer con desenfreno. Lo que presenciamos hoy en cuanto al rápido deterioro de nuestra cultura no es más que esta realidad: *Dios está retirando cada vez más esas vallas.*

—Dr. Tony Evans, La agenda del reino

Reflexionar: ¿De qué modo el conocimiento del Dios verdadero evita el derrumbe de una sociedad?

Conectar: ¿En qué cosas notamos que falta la mano de Dios poniendo frenos en el mundo que nos rodea y en la vida cotidiana?

APLICAR ESAS PERSPECTIVAS

¿En qué me afecta?: He aprendido acerca de Dios mayormente por:

___estudiar la Biblia con regularidad.

___escuchar a los pastores y maestros.

___observar a mis padres cuando era chico.

___escuchar lo que mis amigos dicen.

___aceptar el enfoque de los medios sobre la religión.

___otras cosas:_____

¿Qué probabilidades hay de que a mi vida le falte el «verdadero Dios»?

- *¿Qué otras perspectivas hacen aflorar en mí estas lecturas? ¿Tengo alguna pregunta más sobre las expresiones del Dr. Evans? ¿Se me ocurre alguna otra idea para la aplicación personal?*

AVANZAR HACIA UN COMPROMISO

- *Algo que debería hacer para crecer en mi conocimiento del Dios verdadero es:*

- *Un primer paso a dar sería:*

- *Para alcanzar una mayor transparencia con el grupo, lo más importante que debería transmitirle es:*

EXAMINAR LA PALABRA

Asegurémonos de analizar aquellas escrituras que se relacionan con la «enfermedad espiritual».

- Romanos 16:17-20
- Gálatas 3:6-13; 5,1-9
- Hebreos 10:37-39

TIEMPO DE ORACIÓN

Querido Señor: dame el discernimiento para conocer al verdadero Dios y para vivir siguiendo su ley, de modo que pueda tener una vida espiritual saludable. **Específicamente te pido que:**

DÍA 5: CUANDO NUESTRO PROBLEMA ES DIOS

Antes de comenzar, pensemos...
* *¿De qué manera las enseñanzas de ayer afectaron mis actitudes y conducta durante el día?*
* *¿Qué me gustaría hacer de «otra manera» en el futuro?*

FOCALIZAR
Cuando Dios es nuestro problema, entonces también en Dios está la única solución. Si Dios se enoja, no importa qué elijamos o a qué programa demos inicio. Hasta que su ira no se aplaque, no podremos arreglar lo que esté mal ni conseguir superar nuestros dilemas.
—Dr. Tony Evans

* *A nuestro modo de ver ¿qué «enoja» más a Dios en estos tiempos?*
* *¿Alguna vez hemos sentido temor a la ira de Dios? ¿Qué había sucedido?*

BUSCAR NUEVAS PERSPECTIVAS
Lo más sorprendente con respecto a la situación que se presenta en 2 Crónicas 15 es que la causa de la aflicción de Israel era Dios, y no los pecadores que había en esa cultura, ni el diablo.

Ahora bien, ¡este es un asunto serio! ¿Qué podemos hacer cuando Dios es la causa del problema? Creo que ha llegado momento de buscar una Agenda alternativa, una agenda que trascienda la política humana, los movimientos sociales seculares y las tradiciones religiosas. Una Agenda que asuma de frente el potencial horrendo que tiene la ira de Dios.

Permítanme sugerir la alternativa, a través de una analogía de mis tiempos de capellán del equipo de fútbol americano Cowboys de Dallas. Yo acostumbraba entrenar con el equipo, así que aprendí algunas de sus movidas estratégicas.

Una de ellas era una jugada de pizarrón que incluía un pase aéreo a Drew Pearson (uno de los grandes entre los Cowboys de esa época). El asunto era simple. Drew debía correr lo más rápido que pudiera por la línea lateral, esperando un pase largo de Roger Staubach con la esperanza de marcar un tanto.

Sin embargo, a veces la defensa atacaba repentinamente, acometiendo al jugador que estaba por lanzar antes de que tuviera tiempo de levantar la mirada para enviar el pase largo. En ese caso, Tony Dorsett debía despegarse de sus marcas, en un movimiento rápido, y convertirse en la válvula de seguridad de Roger, o sea en el receptor alternativo.

Si la defensa atacaba repentinamente y Roger no tenía tiempo de arrojar el pase largo, le hacía un pase corto y suave a Tony cuando él se despegaba del resto y se colocaba a su lado.

Amigos, Dios nos ha llamado a marcar tantos. Pero les estamos permitiendo a los zagueros de línea del humanismo que nos ataquen con rapidez, y a los defensores del secularismo que penetren en nuestra zona defensiva intentando interrumpir y desviar la Agenda que Dios tiene planeada para nosotros. No obstante, Dios desea que vivamos de la manera más dinámica y llena de sentido que nos sea posible. Este «partido» que él quiere que juguemos, esta Agenda, permitirá que los individuos, las familias, la iglesia y la sociedad funcionen adecuadamente, si nos abocamos sencillamente a jugarlo siguiendo sus instrucciones.

—Dr. Tony Evans, *La agenda del reino*

Reflexionar: ¿Qué quiere decir que Dios sea un «problema» para una persona? ¿Y el problema para la sociedad?

Conectar: Para evitar este serio problema, ¿qué significaría para nosotros «despegarnos» para llevar a cabo una agenda alternativa?

APLICAR ESAS PERSPECTIVAS

¿En qué me afecta?: ¿Qué clase de «jugada» te ha pedido Dios que realices últimamente? ¿Cómo ves el papel que te tocará realizar en los días que están por delante?

- *¿Qué otras perspectivas hacen aflorar en mí estas lecturas? ¿Tengo alguna pregunta más sobre las expresiones del Dr. Evans? ¿Se me ocurre alguna otra idea para la aplicación personal?*

AVANZAR HACIA UN COMPROMISO

- *Una de las cosas que debería hacer para poder seguir el «plan de juego» de Dios de una manera más adecuada sería:*

- *Para alcanzar una mayor transparencia con el grupo, lo más importante que debería transmitirle es:*

EXAMINAR LA PALABRA

Asegurémonos de analizar aquellas escrituras que se relacionan con la «ira de Dios».

- Isaías 42:24
- Isaías 57:15-16
- Romanos 1:18-20

TIEMPO DE ORACIÓN

Querido Señor: ayúdame a asumir la realidad de tu ira, y a realizar ajustes consecuentes en mi manera de vivir. **Específicamente te pido que:**

S E M A N A   2

EL CONCEPTO DE UNA AGENDA DEL REINO

2

DÍA 1: EL REINO: ¡TREMENDA ALTERNATIVA!

Antes de comenzar, pensemos...
- *¿Cuáles son mis expectativas de aprendizaje para esta semana de estudio?*
- *¿Estoy abierto a adquirir nuevas perspectivas y permitirle a Dios que me conduzca hacia nuevas actitudes y conductas?*

FOCALIZAR
No existen reinos intermedios ni áreas grises. Sólo hay dos ámbitos o dominios dentro de la creación: el reino de Dios y el reino de Satanás. Y nosotros somos súbditos de uno o del otro. —Dr. Tony Evans

- *¿Por qué sólo hay dos reinos dentro de la creación?*
- *¿Alguna vez hemos pensado en nosotros mismos como «súbditos» de un reino? ¿De cuál de los reinos?*

BUSCAR NUEVAS PERSPECTIVAS
Dios tiene planes, programas, cosas que él quiere realizar a su manera. La Biblia llama a esta agenda, el reino de Dios. Me gusta pensar sobre el reino de Dios como la alternativa, porque esa palabra nos habla de que hay otra manera, otra idea de fondo. Como pueblo de Dios, no estamos limitados a las posibilidades de elección que este mundo ofrece.

El reino de Dios tiene una extensión abarcadora, y también la tiene la agenda del reino. Entonces podemos definir a la agenda del reino como la manifestación visible del vasto gobierno de Dios y sus aplicaciones sobre todas la áreas y todos los aspectos de la vida. Esto tiene serias implicancias para cada uno de nosotros. La razón por la que muchos de nosotros, los creyentes, estamos en conflicto es porque queremos que Dios bendiga nuestras agendas en lugar de buscar llevar a cabo su agenda. Queremos que Dios apruebe nuestros planes en lugar de ocuparnos de realizar sus planes. Queremos que Dios nos procure gloria en lugar de que nosotros demos ocasión a de que él sea glorificado.

Pero las cosas no funcionan de esa manera. Dios tiene un solo plan, una sola alternativa, y es la agenda del reino. Necesitamos descubrir de qué se trata para abocarnos con seguridad a trabajar en el proyecto de Dios y no en los nuestros.

Cuando el Señor nos salvó, él estableció el reino de Dios en nuestros corazones para que alcanzara y orientara todo ámbito de nuestra vida. Tener a Jesús en el corazón nos llevará al cielo. Pero el solo hecho de que él esté en nosotros no hace que el reino de Dios irrumpa en la historia.

Sin embargo, el Cristo que está en nuestro corazón puede ser el Jesús que gobierne el reino del cual formamos parte. Durante los cuatro días que tenemos por delante, consideremos estas verdades fundamentales con respecto al reino: 1) Se origina en la esfera en la que opera Dios, 2) Refleja la soberanía de Dios, 3) Opera para la gloria de Dios, y 4) Actúa según la voluntad del Señor.

—Dr. Tony Evans, *La agenda del reino*

Reflexionar: ¿Qué significa que el reino sea «de una extensión abarcadora»?

Conectar: ¿Qué podemos hacer como creyentes para que el cielo irrumpa en la historia?

APLICAR ESAS PERSPECTIVAS

¿En qué me afecta?: Si tuviera que determinar el porcentaje de desarrollo que ha alcanzado el gobierno del reino de Dios en mi vida actual, diría que...

___La agenda del reino de Dios gobierna el 100% de mi vida

___Por lo menos el 75%

___Alrededor del 50%

___Menos del 25%

___Menos del 10%

- *¿Qué otras perspectivas hacen aflorar en mí estas lecturas? ¿Tengo alguna pregunta más sobre las expresiones del Dr. Evans? ¿Se me ocurre alguna otra idea para la aplicación personal?*

AVANZAR HACIA UN COMPROMISO

- *Una de las cosas que necesito para crecer en cuanto a permitir que Jesús gobierne mi vida es:*

- *Un primer paso a dar sería:*

- *Para alcanzar una mayor transparencia con el grupo, lo más importante que debería transmitirle es:*

EXAMINAR LA PALABRA

Asegurémonos de analizar aquellas escrituras que se relacionan con «la extensión que abarca el reino de Dios».
- Salmo 145:1-13
- Lucas 11:1-4
- Colosenses 1:9-18

TIEMPO DE ORACIÓN

Amado Señor, ayúdame a recordar que el hecho de que Jesús esté en mi corazón no va a hacer que el cielo descienda y se instale en la historia. **Específicamente te pido que:**

DÍA 2: ES ABSOLUTAMENTE DE ARRIBA

Antes de comenzar, pensemos...
- *¿De qué manera las enseñanzas de ayer han afectado mis actitudes y acciones a través de todo el día?*
- *¿Qué me gustaría hacer de «otra manera» en el futuro?*

FOCALIZAR
Demasiados creyentes buscan realizarse en la vida a través de métodos humanos. Pero no se pueden usar métodos humanos para alcanzar las metas de Dios. Eso demuestra que no se ha adoptado la agenda del reino.
                                                      —Dr. Tony Evans

- *¿En qué ocasiones hemos visto a personas tratar de hacer la obra de Dios a través de sus capacidades humanas?*
- *¿Qué métodos suele usar la gente para lograr su realización en la vida?*

BUSCAR NUEVAS PERSPECTIVAS
Necesitamos descubrir que el reino de Dios tiene origen en los dominios del Señor; es de arriba, y no de la tierra. Lo comprobamos en Juan 18.28-40, donde vemos a Jesús presentarse ante el gobernador romano Pilatos. Algunos de los líderes judíos procuraban la muerte de Jesús, y sabían exactamente de qué acusarlo para lograr que fuera ejecutado por Roma: traición al César. ¡Jesús se había declarado a sí mismo rey!

Ahora bien, cuando uno se declara rey, eso implica que tiene un reino en algún lugar. Así que la primera pregunta de Pilatos a Jesús fue: «¿Eres tú rey de los judíos?» (Juan 18:33). Notemos la respuesta que Jesús le dio en el versículo 36:

> *Mi reino no es de este mundo -contestó Jesús-. Si lo fuera, mis propios guardias pelearían para impedir que los judíos me arrestaran. Pero mi reino no es de este mundo.*

Ahora, no malinterpretemos sus palabras. Jesús no dijo que su reino no estuviera en este mundo. Él dijo que su reino no era de este mundo. Su reino no se origina en la tierra sino en el cielo. No deriva de la historia sino de un ámbito totalmente distinto. Los siervos de Jesús no se levantarían en armas a causa de su arresto porque no estaban tratando de derrocar a Roma a través de una acción militar.

Cuando uno tiene una agenda del reino, eso afecta lo que hace y cómo lo hace. Jesús le explicó a Pilatos: «Si mi reino fuera de este mundo, mis servidores estarían aquí usando sus espadas para cortar mucho más que algunas orejas. Estarían encarando una guerra. Si mi reino fuera de orden humano, yo no iría a la cruz sin luchar».

Si queremos llevar a la práctica la agenda alternativa de Dios, tenemos que hacerlo a su manera en lugar de actuar como todo el mundo. Tener una agenda del reino afecta nuestra metodología. Implica que, hagamos lo que hiciéramos, debe ser realizado de un modo que apruebe Dios.

—Dr. Tony Evans, *La agenda del reino*

Reflexionar: ¿Cuál es la diferencia entre un reino en el mundo y un reino del mundo?

Conectar: Según nuestra opinión, ¿Dios permite que le sirvamos con nuestras propias capacidades y fuerzas? ¿Qué sucede en ese caso?

APLICAR ESAS PERSPECTIVAS

¿En qué me afecta?: ¿Cuánto de lo que yo hago se lleva a cabo según mi propia metodología? ¿De qué modo afecta esto mi relación diaria con Dios?

- *¿Qué otras perspectivas hacen aflorar en mí estas lecturas? ¿Tengo alguna pregunta más sobre las expresiones del Dr. Evans? ¿Se me ocurre alguna otra idea para la aplicación personal?*

AVANZAR HACIA UN COMPROMISO

- *Una de las cosas que necesito para comenzar a hacer las cosas a la manera de Dios es:*

- *Un primer paso a dar sería:*

- *Para alcanzar una mayor transparencia con el grupo, lo más importante que debería transmitirle es:*

EXAMINAR LA PALABRA

Asegurémonos de analizar aquellas escrituras que se relacionan con «hacer las cosas a la manera de Dios»:
- Job 40-42:6
- Mateo 6:22-33
- Juan 18:28-40

TIEMPO DE ORACIÓN

Amado Señor, dame la sabiduría para hacer las cosas a tu manera, para que pueda contar con tu aprobación cada día. **Específicamente te pido que:**

DÍA 3: ÉL ESTÁ COMPLETAMENTE A CARGO

Antes de comenzar, pensemos...
- *¿De qué manera las enseñanzas de ayer afectaron mis actitudes y conducta durante el día?*
- *¿Qué me gustaría hacer de «otra manera» en el futuro?*

FOCALIZAR

El decirle al Señor: «te entrego mis domingos, pero no me molestes a partir del lunes, porque los lunes debo regresar al mundo real» constituye un falso dualismo. ¡No, y no! Los domingos es cuando estamos en el mundo real. Y tenemos que aplicar la realidad de este mundo a nuestra vida diaria a partir de los lunes también.

—Dr. Tony Evans

- *¿Por qué resulta más fácil vivir bien los domingos que los lunes?*
- *¿De qué modo notamos que el reino de los cielos es más «real» que los reinos de la tierra?*

BUSCAR NUEVAS PERSPECTIVAS

Cuando adoptamos la agenda del reino de Dios nos colocamos bajo su gobierno soberano. La soberanía se refiere a la supremacía de Dios por encima de toda su creación, tanto visible como invisible. Su gobierno es universal, absoluto y extensamente abarcador. Dios, por lo tanto, no tiene que rendirle cuentas a nadie.

Si alguien viniera a mi casa y dijera: «Evans, me disgustan tus muebles; has elegido mal el color de las paredes y creo que todo es horrible», ¿qué importancia tendría? Su opinión resultaría absolutamente irrelevante porque, hasta donde yo sé, esa persona no ha pagado los muebles o la pintura de la pared.

No hay problema con lo que alguien opine sobre mi casa; pero su opinión no tiene mucho peso por una sencilla razón: es mi casa y no la suya. Aquel que viene a mi casa tiene dos opciones. O se queda y se amolda a mis muebles y al color de la pintura, o se puede ir. Imagino que yo también tengo esas dos opciones cuando voy a la casa de otro.

Dios nos dice: «Esta es mi casa, y funciona según mis reglas». Eso significa que, a menos que nosotros estemos dispuestos a abandonarlo y crear nuestro propio universo, debemos amoldarnos a las reglas de la casa de Dios o sufrir las consecuencias de nuestra rebelión.

Pero a veces, con una actitud de adolescente testarudo, le decimos a

Dios: «No sólo me quedaré en tu casa, Dios, sino que traeré conmigo mis propias reglas. Me voy a quejar de los muebles que tienes en tu casa, pero sin embargo continuaré concurriendo a la iglesia para pedirte que me alimentes, me vistas y me bendigas. Quiero disfrutar de las bondades de tu casa, y discúlpame si te hago pasar momentos difíciles». Sin embargo, deberíamos saber que aparecernos en la iglesia los domingos cuando Dios no es el dueño de nuestra semana entera constituye una completa pérdida de tiempo.

—Dr. Tony Evans, *La agenda del reino*

Reflexionar: ¿Por qué podemos decir que este mundo es la casa de Dios?

Conectar: ¿Nos resulta fácil o difícil amoldarnos a la manera en que Dios gobierna su «casa»?

APLICAR ESAS PERSPECTIVAS

¿En qué me afecta?: Para poder apreciar más cabalmente la soberanía de Dios, yo debería…

___Seguir haciendo las cosas como hasta ahora.

___Cambiar mi estilo de vida en ciertos aspectos.

___Cambiar drásticamente la manera en que vivo.

- *¿Qué otras perspectivas hacen aflorar en mí estas lecturas? ¿Tengo alguna pregunta más sobre las expresiones del Dr. Evans? ¿Se me ocurre alguna otra idea para la aplicación personal?*

AVANZAR HACIA UN COMPROMISO

* *Una de las cosas que necesito para reconocer la soberanía de Dios de un modo más amplio en mi vida cotidiana es:*

* *Un primer paso a dar sería:*

* *Para alcanzar una mayor transparencia con el grupo, lo más importante que debería transmitirle es:*

EXAMINAR LA PALABRA

Asegurémonos de analizar aquellas escrituras que se relacionan con «la soberanía de Dios»:
* Salmo 103:19-22
* Salmo 115:1-11
* Romanos 9:14-24

TIEMPO DE ORACIÓN

Amado Señor, imprime en mí la percepción de tu soberanía en el gobierno del Universo, de modo que yo pueda proyectar mis días en concordancia con tu voluntad . **Específicamente te pido que:**

DÍA 4: ¿PARA LA GLORIA DE QUIÉN?

Antes de comenzar, pensemos...

- *¿De qué manera las enseñanzas de ayer afectaron mis actitudes y conducta durante el día?*
- *¿Qué me gustaría hacer de «otra manera» en el futuro?*

FOCALIZAR

Decidamos vivir para su gloria. Digámosle: «Señor, mi meta hoy es mostrar ante otros lo significativo que eres. Quiero atribuirte la gloria que ya te pertenece. Quiero irradiar, reflejar, demostrar, magnificar e ilustrar tu gloria». Eso corresponde a una agenda del reino.

—Dr. Tony Evans

- *Si nuestra meta hoy fuera reflejar la gloria de Dios ¿qué «apariencia» debería mostrar nuestra vida?*
- *¿Qué persona nos viene a la mente cuando pensamos en vivir para la gloria de Dios?*

BUSCAR NUEVAS PERSPECTIVAS

La agenda del reino opera en función de la gloria de Dios. Ahora bien, la palabra gloria nos parece una palabra dulce. Viene de un término griego que significa «tener peso». Cuando decimos «este individuo tiene peso», es porque lo consideramos significativo. Colocamos peso sobre su persona. Y eso es tener gloria.

Para entender este concepto necesitamos comprender la diferencia entre la gloria intrínseca y la gloria atribuida. Muchos de nosotros solo estamos familiarizados con la gloria atribuida. Por ejemplo, cuando se le coloca una toga negra a un hombre o a una mujer, llamamos a esa persona «su señoría» porque le atribuimos gloria al rol de juez. Cuando alguien llega en una limosina, nos detenemos a ver quién es, porque presuponemos que cualquiera que viaje en limosina tiene que ser una persona importante. Esa es una gloria atribuida u otorgada; significa que si le quitamos la toga negra o la limosina, sea quien fuera la persona, pierde su gloria. Los seres humanos solo pueden tener una gloria que les ha sido concedida.

Pero no es así con Dios. La gente le puede atribuir gloria a Dios, pero aun si se rehusara a glorificarlo, él no habría perdido nada, porque Dios posee una gloria intrínseca. Es parte de su ser.

El sol no tiene que esforzarse por dar calor y ser brillante. Aun en un día nublado sigue teniendo calor y brillo. Aun cuando esté oscuro afuera, la otra mitad del mundo experimenta la verdadera naturaleza del sol. Lo que el calor y la luminosidad son con respecto al sol, es la gloria con respecto a Dios. Forma parte de lo que él es. Uno puede entrar a su casa y cerrar todas las persianas, pero eso no disminuye un ápice lo que es el sol. Hagamos lo que hiciéremos tú y yo, no podemos tocar la gloria de Dios. Todo en su reino ha sido diseñado para darle gloria. Y así debería ser, dado que no hay nada ni nadie superior a Dios a quien podamos darle la gloria.

—Dr. Tony Evans, *La agenda del reino*

Reflexionar: ¿Qué significa que la gloria de Dios es intrínseca? ¿Podemos pensar en otro ejemplo además del sol?

Conectar: ¿Cómo reaccionamos cuando parecemos no poder «ver» la gloria de Dios durante un tiempo?

APLICAR ESAS PERSPECTIVAS

¿En qué me afecta?: ¿Cuáles son mis metas al presente? ¿Apuntan a darle gloria a Dios o no?

- *¿Qué otras perspectivas hacen aflorar en mí estas lecturas? ¿Tengo alguna pregunta más sobre las expresiones del Dr. Evans? ¿Se me ocurre alguna otra idea para la aplicación personal?*

AVANZAR HACIA UN COMPROMISO

- *Una de las cosas que necesito para vivir en mayor medida para la gloria de Dios es:*

- *Un primer paso a dar sería:*

- *Para alcanzar una mayor transparencia con el grupo, lo más importante que debería transmitirle es:*

EXAMINAR LA PALABRA

Asegurémonos de analizar aquellas escrituras que se relacionan con «la gloria de Dios»:
- Isaías 43:7-13
- Efesios 1:3-14
- Apocalipsis 4:1-11

TIEMPO DE ORACIÓN

Amado Señor, te pido que me ayudes a vivir para tu gloria el día de hoy. **Específicamente te pido que:**

DÍA 5: SU VOLUNTAD:
¡ES UN HECHO QUE TENEMOS QUE ENFRENTAR!

Antes de comenzar, pensemos...
- *¿De qué manera las enseñanzas de ayer afectaron mis actitudes y conducta durante el día?*
- *¿Qué me gustaría hacer de «otra manera» en el futuro?*

FOCALIZAR

Yo no les puedo decir cuáles serán las implicancias de seguir una Agenda del reino de Dios. Lo único que sé es que, sean las que fueren, deberemos estar dispuestos a hacer su voluntad. Tenemos que ser capaces de orar: «Tuyo es el reino, y el poder, y la gloria para siempre. Amén».
—Dr. Tony Evans

- *¿Qué implica el estar «dispuestos» a hacer la voluntad de Dios?*
- *¿Serán siempre perfectas nuestras motivaciones cuando intentamos hacer su voluntad?*

BUSCAR NUEVAS PERSPECTIVAS

Hemos llegado a la cuarta y última verdad que quiero considerar con respecto al concepto de la agenda del reino de Dios. Y es esta: Una agenda del reino procede de la voluntad de Dios y opera en concordancia con ella.

«Venga tu reino» dice el Señor en su oración. «Sea hecha tu voluntad». No podemos recibir el reino si no estamos dispuestos a sujetarnos a la voluntad del Rey.

Recuerdo que uno de los primeros juguetes que tuve fue un payaso al que un resorte hacía saltar fuera de una caja mientras sonaba una melodía. Hay mucha gente que intenta tratar a Dios de esa manera: como a un payaso dentro de una caja al que hacen saltar cuando desean que aparezca para obedecer sus órdenes.

«Bendíceme ahora, Señor. Estoy apretando el botón que activa el resorte. ¡Vamos, aparece!» Luego lo empujamos nuevamente hacia adentro de la caja y cerramos la tapa cuando ya no lo necesitamos. Un Dios-dentro-de-una-caja. ¡No aparezcas todavía, porque todavía no he hecho sonar tu musiquita!

Pero una persona del reino dice: «No se haga mi voluntad sino la tuya». Jesús señaló en Mateo 13:11 que el reino es un misterio para aquellos no que están dispuestos a escuchar, ver y entender lo que Dios hace. Jesús no va a revelar la voluntad de su Padre a gente que no está dispuesta a obedecerla.

Hemos sido trasladados al reino de Dios para servirlo, para hacer su voluntad, y para confiscarle a Satanás todo lo que le pertenece a Dios.

¿Queremos ser personas del reino? ¿Queremos descubrir el plan alternativo de Dios, su agenda, para nuestra vida? Él está ansioso por revelár-
nosla. Pero debemos tomar una decisión. Si queremos saber en qué dirección marchar, simplemente preguntémosle. Si no conocemos el camino,
vayamos a Aquel que lo conoce. Busquemos a Dios.

—Dr. Tony Evans, *La agenda del reino*

Reflexionar: ¿Cuál es el requisito previo a que la voluntad del Padre nos
sea revelada?

Conectar: ¿Alguna vez hemos buscado con desesperación conocer la
voluntad de Dios? ¿Qué sucedió?

APLICAR ESAS PERSPECTIVAS

¿En qué me afecta?: Cuando pienso en mi futuro, puedo decir…
____*que conozco exactamente la voluntad de Dios para mí.*
____*que tengo algunas preguntas con respecto a la voluntad de Dios para mí.*
____*que estoy muy confundido con respecto a lo que Dios quiere que yo haga.*

- *¿Qué otras perspectivas hacen aflorar en mí estas lecturas? ¿Tengo alguna
  pregunta más sobre las expresiones del Dr. Evans? ¿Se me ocurre alguna
  otra idea para la aplicación personal?*

AVANZAR HACIA UN COMPROMISO

- *Una de las cosas que necesito para crecer en cuanto a discernir la voluntad
  de Dios es:*

- *Un primer paso a dar sería:*

- *Para alcanzar una mayor transparencia con el grupo, lo más importante que debería transmitirle es:*

EXAMINAR LA PALABRA
Asegurémonos de analizar aquellas escrituras que se relacionan con la «voluntad de Dios»:
- Mateo 26:39-42
- Juan 6:38-40
- Romanos 12:1-2

TIEMPO DE ORACIÓN
Amado Señor, te pido que me ayudes a cumplir tu voluntad día a día, a medida que me la revelas. **Específicamente te pido que:**

LA NECESIDAD DE UNA AGENDA DEL REINO

3

DÍA 1: CUANDO NOTEMOS REBELIÓN...
¡TENGAMOS CUIDADO!

Antes de comenzar, pensemos...
- *¿Cuáles son mis expectativas de aprendizaje para esta semana de estudio?*
- *¿Estoy abierto a adquirir nuevas perspectivas y permitirle a Dios que me conduzca hacia nuevas actitudes y conductas?*

FOCALIZAR
En cinco ocasiones Satanás hizo explícita su altivez al jactarse de lo que él podía hacer. Tal vez es por eso que la Biblia coloca al orgullo en primer lugar en la «lista de las cosas que Dios aborrece» (ver Proverbios 6:16-17). Dios aborrece el orgullo porque se trata de la actitud fundamental que se opone al reino o rivaliza con él.

—Dr. Tony Evans

- *¿Cuál es la diferencia entre un oportuno uso de la confianza en uno mismo y la jactancia?*
- *¿En alguna ocasión hemos notado una actitud de orgullo que podría ser antagónica a Dios, como lo señala el Doctor Evans?*

BUSCAR NUEVAS PERSPECTIVAS
El título de esta semana puede ser desconcertante. Pero pronto veremos claramente por qué hemos usado la palabra necesidad. En pocas palabras, es necesario tener una agenda del reino porque hay otro reino que se ha establecido en rivalidad con el reino de Dios. La Biblia enseña claramente que en los cielos se dio un proceso de rebelión. La «estrella de la mañana», el bello y poderoso ángel conocido en un tiempo como Lucifer, levantó su cabeza y su mano contra Dios intentando usurpar su trono (ver Isaías 14:12-14).

Lucifer fue derrotado y arrojado del cielo. Ahora es Satanás, «el príncipe de la potestad del aire» (Efesios 2:2, Reina-Valera). Durante un corto tiempo Dios le ha permitido a Satanás convertirse en el gobernador de un reino rival: el mundo en el que se encuentra la humanidad perdida y los demonios del infierno. Podemos ver y sentir sus efectos en todo lugar.

En las lecturas de los siguientes cuatro días, quiero hacer algunas observaciones acerca del reino de Satanás, para que veamos la necesidad que tenemos de hacer de la agenda del reino de Dios nuestra prioridad.

El punto clave es: Cada vez que notemos que se usa la rebelión en un intento por legitimar la autoridad, estaremos viendo a Satanás en acción.

El rasgo que lo caracteriza, y también a su reino, es la rebelión contra la autoridad divina.

Satanás en otro tiempo fue «elegido querubín protector» (Ezequiel 28:14), y ocupaba un lugar muy especial junto al trono de Dios. Probablemente tuviera que ver con el supervisar la adoración y el culto a Dios que ofrecían los millones de ángeles que Dios había creado. Lucifer era el «lugarteniente general» de Dios.

Pero un día Satanás se miró al espejo y dijo: «Espejito, espejito, ¿quién es el más bello de todos?» Y se le subieron los humos a la cabeza, o desarrolló lo que podríamos llamar un «complejo de divinidad». Se sintió insatisfecho con el puesto que ocupaba. Dirigió su mirada hacia el trono de Dios y pensó: «Tal vez haya lugar para dos allí».

Mala idea.

—Dr. Tony Evans, *La agenda del reino*

Reflexionar: ¿Por qué nos parece que Dios permitió que ocurriera una rebelión en el cielo?

Conectar: ¿En qué momento nos hemos sentido más agradecidos a Dios por habernos dado libertad de elección? ¿En algún momento nos ha pesado el haberla tenido?

APLICAR ESAS PERSPECTIVAS

¿En qué me afecta?: Si tuviera que determinar con un puntaje mi posición dentro de la escala de «rebelión personal», ¿dónde me ubicaría? (hacer una marca en la línea que aparece a continuación):

1	2	3	4	5	6	7	8	9	10

Siempre me sujeto   *Siempre me rebelo*
a la voluntad de Dios   *contra la voluntad de Dios*

- *¿Qué otras perspectivas hacen aflorar en mí estas lecturas? ¿Tengo alguna pregunta más sobre las expresiones del Dr. Evans? ¿Se me ocurre alguna otra idea para la aplicación personal*

AVANZAR HACIA UN COMPROMISO
- *Una de las cosas que necesito para sujetarme completamente a Dios es:*

- *Un primer paso a dar sería:*

- *Para alcanzar una mayor transparencia con el grupo, lo más importante que debería transmitirle es:*

EXAMINAR LA PALABRA
Asegurémonos de analizar aquellas escrituras que se relacionan con «rebelión y sumisión»:
- Isaías 14:12-20
- Ezequiel 28:11-19
- Efesios 2:1-7

TIEMPO DE ORACIÓN
Amado Señor, ayúdame a sujetarme a ti cada día, en el conocimiento de que tú sólo deseas lo mejor para mí. **Específicamente te pido que:**

DÍA 2: EL MUCHACHO MALO TAMBIÉN PUEDE SER «ESPIRITUAL»

Antes de comenzar, pensemos...
- *¿De qué manera las enseñanzas de ayer afectaron mis actitudes y conducta durante el día?*
- *¿Qué me gustaría hacer de «otra manera» en el futuro?*

FOCALIZAR

No necesitamos ser cristianos durante mucho tiempo para descubrir que la vida cristiana es un campo de batalla y no un patio de recreo. La razón es que estamos en conflicto con un adversario espiritual.

—Dr. Tony Evans

- *¿Estamos de acuerdo con la afirmación de que la vida cristiana constituye un campo de batalla?*
- *¿Sentimos que nos hallamos en medio de luchas espirituales a diario? ¿Por qué?*

BUSCAR NUEVAS PERSPECTIVAS

Si la rebelión es la primera característica del reino de Satanás, ésta es la segunda: su reino es espiritual, al igual que el reino de Dios. De manera que no debería sorprendernos que estos dos reinos chocaran en la esfera espiritual. Pablo nos da una descripción clásica de lo que es una batalla en Efesios 6:10-12 (tomémonos un momento para leerlo ahora).

Obviamente, nuestro verdadero problema no es la gente de carne y hueso (o «carne y sangre»). Esas personas constituyen sólo el vehículo a través del cual Satanás opera para llevar a cabo su agenda. Así que, a menos que sigamos la agenda del reino de Dios para solucionar las cosas, el enojarnos con las personas no resolverá los problemas. En ese caso, todo lo que Satanás necesitará hacer será encontrar la persona indicada para volver a enredarnos.

Por esa razón, conseguirnos una nueva esposa o un nuevo marido no solucionará necesariamente nuestras dificultades. Satanás puede usar a tu nuevo cónyuge y llevarte a reaccionar de la misma manera en que lo has hecho antes y entonces buscarás otra nueva persona. Debemos comprender que la verdadera batalla es espiritual, porque ese es el ámbito en el que se mueve y opera Satanás. No me malinterpreten. No quiero decir que lo físico no sea real o que no debamos hacer frente a las personas o circunstancias controladas por Satanás. A lo que me refiero es que el confrontar estas cosas sólo resultará eficaz si también confrontamos las causas que se esconden detrás de los problemas.

No tenemos en nosotros mismos las fuerzas para luchar contra Satanás. La Biblia no nos dice simplemente que seamos fuertes. Pablo nos exhorta: «fortalézcanse con el gran poder del Señor». Lo necesitamos porque Satanás tiene toda suerte de fuerzas espirituales alineadas para combatir contra nosotros. Por eso resulta absolutamente importante que vivamos en el Espíritu, priorizando los aspectos espirituales de la vida si es que queremos obtener victoria en todas las áreas de nuestra existencia (ver Efesios 5:18 y Gálatas 5:16).

—Dr. Tony Evans, *La agenda del reino*

Reflexionar: ¿Por qué nos resulta tan difícil pelear las batallas en el plano espiritual, en lugar del natural?

Conectar: ¿Cuál ha sido la batalla más difícil que hemos enfrentado en el plano natural? ¿Y cuál ha sido la batalla más difícil en el plano espiritual?

APLICAR ESAS PERSPECTIVAS
¿En qué me afecta?: Cuando me siento impulsado a enfrentar una batalla en el plano espiritual, generalmente la manera en la que respondo es…

- *¿Qué otras perspectivas hacen aflorar en mí estas lecturas? ¿Tengo alguna pregunta más sobre las expresiones del Dr. Evans? ¿Se me ocurre alguna otra idea para la aplicación personal?*

AVANZAR HACIA UN COMPROMISO

- *Una de las cosas que me ayudarían a desarrollar una mayor capacidad para batallar espiritualmente es:*

- *Un primer paso a dar sería:*

- *Para alcanzar una mayor transparencia con el grupo, lo más importante que debería transmitirle es:*

EXAMINAR LA PALABRA

Asegurémonos de analizar aquellas escrituras que se relacionan con «batallar en la esfera de lo espiritual»:

- Éxodo 17:8-16
- Mateo 8:28-32
- Efesios 6:10-18

TIEMPO DE ORACIÓN

Amado Señor, ¡dame la sabiduría para pelear las batallas espirituales solamente con la fuerza de tu Espíritu! **Específicamente te pido que:**

DÍA 3: AHORA TODOS SOMOS ADMINISTRADORES

Antes de comenzar, pensemos...

- *¿De qué manera las enseñanzas de ayer afectaron mis actitudes y conducta durante el día?*
- *¿Qué me gustaría hacer de «otra manera» en el futuro?*

FOCALIZAR

Satanás se creía tan gran cosa que quería ser igual a Dios. Pero entonces Dios creó a alguien (el ser humano, al que hizo inferior a la esfera de los ángeles) para mostrar delante de toda su creación su increíble poder y gloria. —Dr. Tony Evans

- *¿Hasta qué punto una criatura puede ser «como Dios»?*
- *¿Qué es lo bueno de querer parecerse a Dios? ¿Qué es lo malo?*

BUSCAR NUEVAS PERSPECTIVAS

Ahora quiero cambiar un poco el foco de atención, porque es aquí donde las cosas se ponen interesantes. Quiero continuar nuestro análisis de la rebelión de Satanás considerando dónde entramos nosotros, como pueblo de Dios, dentro del cuadro del reino. Dios nos ha designado como administradores o mayordomos de su reino para esta era. Y un día reinaremos con él en la última expresión de su reino, es decir durante el reinado de Jesucristo sobre la tierra.

¿Y cómo es todo esto? Bien, recordemos que la humanidad fue creada por Dios y convocada a ocupar un lugar de servicio dentro de su reino para mostrar a toda la creación la gloria, el poder y el triunfo final del Señor.

Como todos los demás seres, Satanás también fue creado para la gloria de Dios. Pero Satanás se rebeló y abdicó de su rol, y Dios lo juzgó. Por razones que solo él conoce, Dios le ha dado a Satanás bastante «soga» como para que ande por ahí construyendo un reino opositor. Y aunque Satanás es ya un enemigo vencido por completo y su reino está destinado a la destrucción, él obra furiosamente para tratar de frustrar el plan de Dios.

Dios siempre va a conservar su gloria. Y dado que Lucifer, el más alto de los seres creados y «administrador» del reino celestial, falló en darle la gloria a Dios, el Señor ha confiado la administración de su reino a otro sector de su creación: la humanidad.

Por esta precisa razón Dios creó a la raza humana. Crearnos constituyó la respuesta de Dios a la rebelión de los ángeles. El Señor se propuso demostrar a las esferas angelicales lo que él podía hacer con una criatura menor que los ángeles (Ver Salmo 8.3-8) pero consagrada a él, en contraposición a la más alta criatura que había caído en rebelión (ver Efesios 3.10). Este plan asombroso preservó la gloria de Dios.

Lo que quiero decir es que cuando Satanás se rebeló, Dios hizo algo sorprendente. Creó la raza humana para gobernar sobre el orden que había establecido.

¿Alcanzamos a darnos cuenta de que eso nos convierte a cada uno de nosotros en algo especial? Pero esto también incluye responsabilidad.

—Dr. Tony Evans, *La agenda del reino*

Reflexionar: ¿Qué razón clave tuvo Dios para crear a la humanidad?

Conectar: ¿Qué sentimos al sabernos criaturas de Dios? ¿Por qué?

APLICAR ESAS PERSPECTIVAS

¿En qué me afecta?: ¿De qué modo llevo adelante mi «responsabilidad de administrar» en la vida cotidiana? Algunas de las formas en que administro el mundo de Dios (que está dentro del alcance de mi mundo) son:

1.

2.

3.

- *¿Qué otras perspectivas hacen aflorar en mí estas lecturas? ¿Tengo alguna pregunta más sobre las expresiones del Dr. Evans? ¿Se me ocurre alguna otra idea para la aplicación personal?*

AVANZAR HACIA UN COMPROMISO

* *Una de las cosas que necesito para volverme un mejor «gobernador» de la creación de Dios que me rodea es:*

* *Un primer paso a dar sería:*

* *Para alcanzar una mayor transparencia con el grupo, lo más importante que debería transmitirle es:*

EXAMINAR LA PALABRA

Asegurémonos de analizar aquellas escrituras que se relacionan con «mayordomía sobre la creación y en la iglesia»:
* Génesis 2:15-25
* Lucas 16:1-13
* 1 Corintios 12

TIEMPO DE ORACIÓN

Amado Señor, ayúdame a gobernar bien la parte de tu mundo en la que me has colocado. **Específicamente te pido que:**

DÍA 4: ¿UN DESAFÍO AL DUEÑO?

Antes de comenzar, pensemos...
* *¿De qué manera las enseñanzas de ayer afectaron mis actitudes y conducta durante el día?*
* *¿Qué me gustaría hacer de «otra manera» en el futuro?*

FOCALIZAR

Cada vez que le permitimos al maligno decirnos cómo debemos funcionar bajo el gobierno de Dios, colocamos en riesgo nuestro puesto de administración. Esta es precisamente la razón por la que muchos cristianos nunca llegan a darse cuenta cabalmente de su llamado o del propósito de su vida.   —Dr. Tony Evans

* *¿Qué significa permitirle al maligno que «dictamine» el curso de acción?*
* *¿Cuál es nuestro llamado, el propósito de nuestra vida?*

BUSCAR NUEVAS PERSPECTIVAS

En tanto que Dios nos ha creado para administrar su creación y mostrar su gloria a las esferas angélicas, Satanás busca destruir nuestro compromiso con Dios y transferirlo a su persona. La pregunta que nos hacemos con frecuencia es: «¿Por qué cuando Satanás pecó Dios no lo destruyó sino que siguió adelante con sus planes?» Pero si Dios simplemente hubiera destruido a Satanás, nunca le hubiera demostrado su poder, sabiduría, gloria y todos los otros atributos divinos que operan juntos para la realización del plan que se había propuesto (ver Efesios 3:10).

Así que Dios creó al hombre y a la mujer y les dio el derecho de gobernar (ver Génesis 1:26-28). Pero Satanás interfirió con ese plan:

> *La serpiente era más astuta que todos los animales del campo que Dios el Señor había hecho, así que le preguntó a la mujer:*
> *¿Es verdad que Dios les dijo que no comieran de ningún árbol del jardín?*
> *Podemos comer del fruto de todos los árboles -respondió la mujer-. Pero, en cuanto al fruto del árbol que está en medio del jardín, Dios nos ha dicho:*
> *«No coman de ese árbol, ni lo toquen; de lo contrario, morirán.»*
> *Pero la serpiente le dijo a la mujer:*
> *¡No es cierto, no van a morir! (Génesis 3:1-4).*

Dios les había dado instrucciones claras a sus administradores de cómo quería que ellos administraran su creación. Pero Satanás puso en tela de juicio el derecho que el dueño tenía para establecer las reglas y las normas referidas al gobierno de su creación. Satanás ha venido haciendo esto mismo desde entonces, y también ha logrado sacar al costado del camino a muchos administradores desde entonces.

No hemos sido diseñados para vivir una vida sin propósito. Dios nos ha destinado a un puesto de responsabilidad como administradores de su reino. Pero si no alcanzamos a discernir que ese es nuestro rol, nunca descubriremos qué propósito tiene el haber nacido.

—Dr. Tony Evans, *La agenda del reino*

Reflexionar: ¿Qué objetivo de vida tiene la gente hoy?

Conectar: ¿Para qué propósito en especial nos ha destinado Dios en la vida?

APLICAR ESAS PERSPECTIVAS

¿En qué me afecta?: Cuando se trata de conocer el propósito para mi vida en particular en este tiempo, yo siento que…

___estoy en medio de una completa oscuridad

___vivo entre penumbras

___recién comienzo a ver con claridad

___todo está absolutamente claro

• *¿Qué otras perspectivas hacen aflorar en mí estas lecturas? ¿Tengo alguna pregunta más sobre las expresiones del Dr. Evans? ¿Se me ocurre alguna otra idea para la aplicación personal?*

AVANZAR HACIA UN COMPROMISO
- *Una de las cosas que necesito para cumplir mejor el propósito de mi vida es:*

- *Un primer paso a dar sería:*

- *Para alcanzar una mayor transparencia con el grupo, lo más importante que debería transmitirle es:*

EXAMINAR LA PALABRA
Asegurémonos de analizar aquellas escrituras que se relacionan con «vivir con un sentido de propósito»:
- Josué 24:13-21
- Filipenses 3:1-21
- Marcos 8:34-37

TIEMPO DE ORACIÓN
Amado Señor, revélame tus propósitos para mí hoy. **Específicamente te pido que:**

DÍA 5: REVERTIR LA MALDICIÓN

Antes de comenzar, pensemos…
- *¿De qué manera las enseñanzas de ayer afectaron mis actitudes y conducta durante el día?*
- *¿Qué me gustaría hacer de «otra manera» en el futuro?*

FOCALIZAR
¿Sabemos por qué Jesús deja pasar tanto tiempo antes de regresar? Porque aún no ha terminado de poblar su reino. ¡Esto también significa que todavía hay puestos clave que siguen disponibles! Que aún quedan vacantes importantes por llenar en esta empresa.

—Dr. Tony Evans

- *Según lo que vemos a nuestro alrededor, ¿qué tipo de puestos aún quedan vacantes en la «empresa» del reino?*
- *¿Qué tipo de trabajo hemos estado realizando para el reino últimamente?*

BUSCAR NUEVAS PERSPECTIVAS
Dios va a revertir la situación algún día. No va a dejar las cosas en un estado de maldición. Satanás no se quedará con la última palabra. El Salmo 8 muestra el plan para la administración del reino de Dios diseñado para nosotros. En Hebreos 2 encontramos la reafirmación de ese plan, y allí se nos muestra que la salvación es el medio a través del que nosotros podemos recuperar nuestro estatus como administradores bajo las órdenes de Dios. (Tomémonos el tiempo para leer esos pasajes en este momento.)

Lo que dice Hebreos 2 es fenomenal. El primer Adán fue creado para administrar la creación de Dios, pero él perdió su oportunidad al ceder ante Satanás. Sin embargo, la Biblia dice que la tierra, tanto en esta era presente como en los siglos venideros, será administrada por seres humanos, no por los ángeles. Así que lo que Dios hizo fue convertirse en hombre en la persona de Jesucristo, a quien la Biblia llama el «último Adán» (1 Corintios 15:45). Como nuevo Adán, Cristo convoca en torno de sí a una nueva humanidad, formada por personas redimidas, a las que llamamos cristianos, para que administren su reino de la manera en que él lo ha planeado.

Es verdad que recién nos vamos a convertir en perfectos administradores en la etapa futura del reino. Pero también es cierto que cuando Jesús nos salvó, recuperó para nosotros la posición de administradores que habíamos perdido con Adán. Tal vez alguien me diga: «Espera un minuto,

Tony. No vas a decirme ahora que ese trabajo sin salida en el que estoy ahora, sujeto a un jefe al que no soporto, es el plan que Dios tiene para mí como administrador de su reino. ¡No me parece que eso sea una agenda del reino!»

A veces nos descarrilamos al ocuparnos de nuestra propia vida, y actuamos como si fuésemos los dueños y no los administradores. Pero también es posible que Dios nos tenga en este lugar en el proceso de llevarnos hacia donde él quiere que estemos. Cuando actuamos con fidelidad en el lugar en el que estamos, Dios tiene libertad para llevarnos hacia el siguiente paso.

—Dr. Tony Evans, *La agenda del reino*

Reflexionar: ¿Qué significa «revertir la maldición»? ¿De qué naturaleza es el cambio sorprendente que Dios ha producido?

Conectar: ¿En qué ocasiones has sentido que Dios te está usando en un «puesto de administración» dentro del reino? ¿En qué ocasiones lo sientes menos?

APLICAR ESAS PERSPECTIVAS

¿En qué me afecta?: ¿Actúo como administrador en el reino, o estoy tratando de ser el dueño? ¿Cómo puedo darme cuenta?

* *¿Qué otras perspectivas hacen aflorar en mí estas lecturas? ¿Tengo alguna pregunta más sobre las expresiones del Dr. Evans? ¿Se me ocurre alguna otra idea para la aplicación personal?*

AVANZAR HACIA UN COMPROMISO

- *Una de las cosas que necesito para actuar con mayor fidelidad allí donde estoy es:*

- *Para alcanzar una mayor transparencia con el grupo, lo más importante que debería transmitirle es:*

EXAMINAR LA PALABRA

Asegurémonos de analizar aquellas escrituras que se relacionan con «revertir la maldición»:
- Génesis 3:8-24
- Salmo 8
- Hebreos 2

TIEMPO DE ORACIÓN

Amado Señor, tú eres mi «jefe» en la empresa del reino. Quiero recibir orientación de tu parte hoy. **Específicamente te pido que:**

SEMANA 4

LOS PACTOS EN
UNA AGENDA DEL REINO

4

DÍA 1: TOMÉMONOS DE ESTA PALABRA

Antes de comenzar, pensemos...
- *¿Cuáles son mis expectativas de aprendizaje para esta semana de estudio?*
- *¿Estoy abierto a adquirir nuevas perspectivas y permitirle a Dios que me conduzca hacia nuevas actitudes y conductas?*

FOCALIZAR
Dios toma sus pactos con mucha seriedad porque constituyen el mecanismo a través del cual funciona su reino. Y vemos en la Biblia que en dondequiera que se establezca un pacto, este es instituido con sangre. Los pactos se firmaban con sangre. —Dr. Tony Evans

- *¿Por qué el pacto resulta una cosa tan seria a los ojos de Dios?*
- *¿Alguna vez tuvimos la sensación de estar firmando un pacto «con sangre»? ¿De qué se trataba?*

BUSCAR NUEVAS PERSPECTIVAS
Cuando se trata de la manera en que Dios gobierna su reino, la palabra de la que necesitamos tomarnos es pacto. Dios administra su reino a través de pactos. Definiéndolo simplemente, un pacto es una relación de compromiso legal establecida por Dios para la administración de su reino, o sea su programa alternativo. ¿Qué clase de relación es esta? Considerémosla:

Se trata de una relación entre personas. Un pacto es mucho más que un contrato. En los pactos bíblicos, uno no sólo firmaba sobre la línea de puntos, sino que entraba en una relación íntima con la otra persona, o personas, que participaban del pacto.

Uno puede firmar un acuerdo comercial simplemente porque el trato tiene sentido, sin por eso tener que asociarse o establecer una relación con la otra parte más allá de lo que hace al acuerdo en sí mismo.

Pero no es así en el caso de un pacto. Por esa razón, por ejemplo, al matrimonio se lo llama pacto. El matrimonio no es simplemente un acuerdo, sino que compromete a las personas que lo contraen a mantener una relación íntima.

Se trata de una relación que incluye bendición. El pacto es también una relación que imparte bendición. Cada vez que Dios establece un pacto, su intención es bendecir a las partes comprometidas en él. Dios establece el pacto para el bien de aquellos que hacen pacto con él.

Cuando las personas entran en pacto con Dios, es para que «prosperen en todo lo que hagan» (Deuteronomio 29:9).

Esto implica que aun cuando haya cosas negativas dentro de un pacto, sabemos que están allí para nuestro bien y protección.

Se trata de una relación de sangre. ¿Recordamos aquellas viejas películas de cowboys en las que indios y blancos se preparaban para firmar un tratado de paz? A menudo lo sellaban con sangre. Las dos partes se hacían un tajo en la palma de la mano y luego se las estrechaban y se convertían en hermanos de sangre. Había un intercambio de sangre que sellaba el tratado y lo volvía significante. No era una cuestión menor.

Lo mismo sucede con los pactos de Dios. Son tan serios, tan llenos de significado y de sentido que necesitan ser sellados con sangre.

—Dr. Tony Evans, *La agenda del reino*

Reflexionar: ¿Qué es lo que hace que los pactos de Dios sean tan diferentes de los acuerdos comerciales?

Conectar: ¿Qué características de los pactos de Dios nos resultan alentadoras?

APLICAR ESAS PERSPECTIVAS

¿En qué me afecta?: Cuando pienso en la seriedad con la que Dios considera los pactos, diría que:

__Ni siquiera había tomado conciencia de que tenía una relación de pacto con él.

__Sé de la existencia de esta relación… pero me gustaría experimentarla en manera práctica.

__Toda mi esperanza y fe descansan en los pactos de Dios.

* *¿Qué otras perspectivas hacen aflorar en mí estas lecturas? ¿Tengo alguna pregunta más sobre las expresiones del Dr. Evans? ¿Se me ocurre alguna otra idea para la aplicación personal?*

AVANZAR HACIA UN COMPROMISO

- *Una de las cosas que necesito para tomar más en serio los pactos de Dios en mi vida es:*

- *Un primer paso a dar sería:*

- *Para alcanzar una mayor transparencia con el grupo, lo más importante que debería transmitirle es:*

EXAMINAR LA PALABRA

Asegurémonos de analizar aquellas escrituras que se relacionan con los «pactos de Dios»:
- Génesis 12:1-8
- Hechos 3:20-26
- Gálatas 3:6-14

TIEMPO DE ORACIÓN

Amado Señor, quiero tomar tus pactos con más seriedad en lo que hace a mis acciones y actitudes. **Específicamente te pido que:**

DÍA 2: EL PACTO: ¡ALGO SIN IGUAL!

Antes de comenzar, pensemos...

* *¿De qué manera las enseñanzas de ayer afectaron mis actitudes y conducta durante el día?*
* *¿Qué me gustaría hacer diferente en el futuro?*

FOCALIZAR

Nosotros nos constituimos en amigos o enemigos del Rey de acuerdo a cómo oramos: «Sea hecha tu voluntad», o «Sea hecha mi voluntad». Dios nos dice: «Yo soy el que está a cargo aquí». —Dr. Tony Evans

* *¡Imaginemos lo que significa ser enemigos del Rey! ¿Qué aspecto de esto nos resulta aterrador?*
* *¿En qué ocasión o tiempo deseamos con más vehemencia hacernos cargo de nuestra propia vida?*

BUSCAR NUEVAS PERSPECTIVAS

Hemos oído tantas veces la expresión «hagamos al hombre a nuestra imagen» que probablemente haya perdido su impacto sobre nosotros. Pero se trata de una expresión que tiene connotaciones muy serias. La creación fue una idea de Dios. Él la planeó de antemano. Esto es muy importante porque el que proyecta algo que luego tendrá la voz cantante. Dios quería decirnos: «Yo estoy a cargo de las cosas». Llamamos a este atributo de Dios su soberanía.

Si queremos sujetarnos a las reglas de Dios, si estamos dispuestos a servir en la esfera en la que él gobierna, si queremos ser bendecidos por pertenecer al reino de Dios, entonces recordemos que él comanda las cosas. En algunas ocasiones, en nuestro lugar de trabajo nuestros jefes tienen que recordarnos quién es el que está al mando. Trabajamos en la empresa dirigida por nuestro jefe, bajo su autoridad, y es su nombre el que aparece en el cartelito que está en la puerta.

El padre de cualquier adolescente sabe que hay ocasiones en la que tiene que decir: «Yo soy la cabeza de este hogar». Lo que nosotros hacemos en casa es lo que Dios hace en medio de su creación.

Preguntémosle, sino, al rey Nabucodonosor de Babilonia. Un día él miró hacia afuera desde su balcón y exclamó: «¡Miren la gran Babilona que he construido como capital del reino! ¡La he construido con mi gran poder, para mi propia honra!» Quería decir: «¡Yo estoy a cargo aquí!» Conocemos la historia que aparece en Daniel 4:28-37. Dios privó a

Nabucodonosor de su razón. Las uñas le comenzaron a crecer y también el pelo de una manera salvaje; por siete años él vivió como una bestia del campo. Pero luego recobró el juicio. Se paró en el balcón una vez más. Solo que en esta ocasión Nabucodonosor tuvo una nueva actitud: «Hagamos saber a toda Babilonia que es Dios el que está a cargo».

Así que la pregunta que debemos hacernos para saber si estamos en una relación de pacto con Dios y si pertenecemos al reino de Dios es ésta: ¿Es él el que está al mando? ¿O intentamos vivir independientemente de su conducción?

—Dr. Tony Evans, *La agenda del reino*

Reflexionar: ¿Cómo viven aquellos que le permiten a Dios estar completamente a cargo de las cosas?

Conectar: ¿En qué momento de tu vida has sentido con toda claridad que Dios «estaba al mando»? ¿Cómo resultó?

APLICAR ESAS PERSPECTIVAS
¿En qué me afecta?: Puedo decir que durante los últimos días mi actitud ha sido ésta:
___«Sea hecha **tu** voluntad».
___«Sea hecha **mi** voluntad».

» *¿Qué otras perspectivas hacen aflorar en mí estas lecturas? ¿Tengo alguna pregunta más sobre las expresiones del Dr. Evans? ¿Se me ocurre alguna otra idea para la aplicación personal?*

AVANZAR HACIA UN COMPROMISO

- *Una de las cosas que necesito hacer para negarme a seguir mis propios deseos egocéntricos es:*

- *Un primer paso a dar sería:*

- *Para alcanzar una mayor transparencia con el grupo, lo más importante que debería transmitirle es:*

EXAMINAR LA PALABRA

Asegurémonos de analizar aquellas escrituras que se relacionan con que es «Dios el que está al comando»:
- Daniel 4:28-37
- Jonás 1:1-3.2
- Apocalipsis 18:21-19.6

TIEMPO DE ORACIÓN

Amado Señor, ayúdame a recordar quién está al mando (hoy, mañana y siempre). **Específicamente te pido que:**

DÍA 3: AQUÍ NOS ENFRENTAMOS CON UNA CADENA DE MANDO

Antes de comenzar, pensemos...
- *¿De qué manera las enseñanzas de ayer afectaron mis actitudes y conducta durante el día?*
- *¿Qué me gustaría hacer de «otra manera» en el futuro?*

FOCALIZAR

Cuando por rebeldía quebramos esta cadena establecida por Dios, perdemos, automáticamente su bendición. Las bendiciones de Dios que derivan de sus pactos fluyen a través de las jerarquías autorizadas.

Si tomamos nuestro propio camino para hacer las cosas a nuestro modo y ser el tipo de personas que queremos, entonces perdemos las bendiciones que el Señor ha determinado que fluyan a través de esta cadena de autoridad. Nos habremos rebelado contra el orden de Dios.

—Dr. Tony Evans

- *¿Somos conscientes de que existe una «cadena de mandos» dentro de nuestra vida cotidiana?*
- *¿Por qué se relaciona Dios con nosotros a través de una cadena de mandos*

BUSCAR NUEVAS PERSPECTIVAS

Hemos descubierto que la primera característica de los pactos de Dios es que el Señor está al mando, porque los pactos son establecidos por Dios. Una segunda característica distintiva es que son jerárquicos. Operan siguiendo una cadena de mandos. En otras palabras, Dios nos acerca sus pactos por la mediación de personas.

Dios les ordenó a Adán y Eva que gobernaran sobre su creación. Ahora, eso no implica que Dios haya abdicado al trono y dejado todo a cargo de los seres humanos. Tenemos autoridad para gobernar cuando nos mantenemos debajo de Dios, y no separados de él. El Señor no les dijo a Adán y Eva: «Yo hice todo esto para ustedes. Así que gobiernen como mejor les parezca».

Un día mi nieta Larissa jugaba con una muñeca que yo le había regalado. Evidentemente la muñeca se había portado mal, porque Larissa tomó a su muñeca por la pierna y le estaba golpeando la cabeza contra el piso. Yo le dije: «Larissa, detente. No hagas eso más».

Su respuesta fue: «Abuelo, es mi muñeca». En otras palabras, Larissa reclamaba autonomía. Me decía: «Tengo derecho a destruir esta muñeca que me regalaste».

Eso no era verdad. Así que tuve que hacer comprender a mi nieta algo fundamental. Aunque yo le había regalado la muñeca, lo había hecho pensando que sería usada con el propósito que yo tenía en mente: que ella jugara con la muñeca, no que la destruyera.

Muy a menudo nosotros tomamos la «muñeca» de la bondad generosa de Dios y la estrellamos, mientras ostentamos esta actitud: «Es mi automóvil, mi casa, mi empleo, mis capacidades, mi dinero. Dios, no me digas qué hacer con ellos».

Adán tenía que gobernar, pero no en independencia del Rey. Sin embargo, vivimos hoy en un mundo en el que tanto el hombre como la mujer buscan la autonomía. Quieren tener derecho a gobernar en independencia del que está al mando. Pero esa manera de pensar conduce a una segura frustración.

—Dr. Tony Evans, *La agenda del reino*

Reflexionar: ¿Cómo explicaríamos, en nuestras propias palabras, la calidad representativa de la autoridad?

Conectar: ¿Cuándo tomamos plena conciencia de que no teníamos el tipo de autonomía que Larissa reclamaba? ¿Cómo manejamos esa situación?

APLICAR ESAS PERSPECTIVAS

¿En qué me afecta?: La cadena de mandos en mi vida se da más o menos así: (Escribir un nombre o un puesto en cada espacio en que aparece encima y debajo de la palabra «yo»; si es necesario, agregar más espacios.)

_____

_____

_____

YO

_____

_____

_____

- *¿Qué otras perspectivas hacen aflorar en mí estas lecturas? ¿Tengo alguna pregunta más sobre las expresiones del Dr. Evans? ¿Se me ocurre alguna otra idea para la aplicación personal?*

AVANZAR HACIA UN COMPROMISO

- *Una de las cosas que necesito para respetar la cadena de mandos establecida por Dios es:*

- *Un primer paso a dar sería:*

- *Para alcanzar una mayor transparencia con el grupo, lo más importante que debería transmitirle es:*

EXAMINAR LA PALABRA

Asegurémonos de analizar aquellas escrituras que se relacionan con las
«jerarquías de Dios»:
- Juan 6:35-40
- Romanos 13
- Efesios 5:21-6.9

TIEMPO DE ORACIÓN

Amado Señor, necesito humildad para poder sujetarme a la cadena de
mandos que has establecido dentro de tu reino. **Específicamente te pido
que:**

DÍA 4: ¿VAMOS A HACER LO QUE QUEREMOS?

Antes de comenzar, pensemos...
- *¿De qué manera las enseñanzas de ayer afectaron mis actitudes y conducta durante el día?*
- *¿Qué me gustaría hacer de »otra manera» en el futuro?*

FOCALIZAR

Supongamos que alguien se para encima del Empire State Building y anuncia: «No me gusta la ley de gravedad. Así que no me voy a regir por ella; no estoy ni estaré bajo su dominio. ¡Esta ley no me va a decir lo que tengo que hacer!»

Y entonces lleva a cabo una exhibición tratando de emular a Superman; salta y desafía a la ley de gravedad... Cuando lo recojan del piso, resultará absolutamente claro que el hecho de estar o no de acuerdo con la ley de gravedad no hace ninguna diferencia.

—Dr. Tony Evans

- *¿Por qué la sinceridad no resulta suficiente cuando se trata de lo que creemos? ¿Podemos pensar en algún otro ejemplo?*
- *¿Hemos conocido alguna persona que estuviera sinceramente equivocada? ¿Cómo salieron las cosas?*

BUSCAR NUEVAS PERSPECTIVAS

Los pactos de Dios han sido establecidos sobre bases éticas. Esa es su tercera característica. Los pactos de Dios siguen pautas específicas, o reglas propias, que los determinan. Si respetamos estas normas, obtenemos los beneficios. Si llevamos a cabo nuestras propias ideas, perdemos los beneficios y nos hacemos acreedores del castigo del Señor. Cuando actuamos dentro de las reglas de los pactos de Dios, todo lo que ese pacto promete proveernos, nos vendrá.

Esto nos lleva a la cuarta característica de los pactos divinos: Incluyen una promesa, o compromiso, que debemos asumir. La gente que entra en pacto con Dios debe prometer obedecerlo y aceptar lo que estipula ese pacto. Este compromiso incluye promesas si se obedece y castigo si se desobedece. Por eso la Biblia dice una y otra vez que aquellos que guardan la palabra de Dios son los que recibirán la bendición (ver Santiago 1:25).

Vemos un ejemplo de esta característica de los pactos en Génesis 2:23-25, cuando Dios lleva a cabo la primera ceremonia nupcial, en la que casa a Adán y Eva. Las partes se comprometen a dejar padre y madre y convertirse en una carne, y este sigue siendo el compromiso básico que se asume al unirse en matrimonio hoy.

En realidad, actualmente asumimos muchos tipos de compromisos. Cada mañana, en todas las escuelas de un país, los niños repiten promesas de fidelidad a su nación. También cuando un creyente entra en el agua para ser bautizado, hace un voto de seguir a Jesús. El bautismo constituye un símbolo externo de una realidad interior. Los votos que hacemos delante de Dios conllevan muchas veces acciones simbólicas.

Las últimas palabras de un compromiso asumido en un pacto son siempre las mismas a través de toda la Escritura. Básicamente le estamos diciendo a Dios: «Que el bien descienda sobre mí si te sigo, y que el mal caiga sobre mí si te rechazo». No encontramos en la Biblia nada que justifique una actitud de este tipo: «Voy a hacer lo que me parece porque ya he sido perdonado» (ver Romanos 6:1-5).

—Dr. Tony Evans, *La agenda del reino*

Reflexionar: ¿Cómo sería el mundo si no hubiera reglas rigurosas e invariables?

Conectar: ¿Qué nos sucede generalmente cuando quebrantamos las reglas?

APLICAR ESAS PERSPECTIVAS

¿En qué me afecta?: ¿En qué momento hemos deseado con más fuerza que las reglas de Dios pudieran cambiarse? ¿Qué hicimos entonces?

- *¿Qué otras perspectivas hacen aflorar en mí estas lecturas? ¿Tengo alguna pregunta más sobre las expresiones del Dr. Evans? ¿Se me ocurre alguna otra idea para la aplicación personal?*

AVANZAR HACIA UN COMPROMISO

- *Una de las cosas que necesito para seguir las reglas de Dios más adecuadamente es:*

- *Un primer paso a dar sería:*

- *Para alcanzar una mayor transparencia con el grupo, lo más importante que debería transmitirle es:*

EXAMINAR LA PALABRA

Asegurémonos de analizar aquellas escrituras que se relacionan con «seguir las normas de Dios»:
- Números 16:1-35
- Salmo 25:4-15
- Mateo 16:21-23

TIEMPO DE ORACIÓN

Amado Señor, dame el valor para respetar tus reglas sin tener en cuenta quién me mira o quién se opone. **Específicamente te pido que:**

DÍA 5: ¿CUÁL ES NUESTRA HERENCIA?

Antes de comenzar, pensemos...
* *¿De qué manera las enseñanzas de ayer afectaron mis actitudes y conducta durante el día?*
* *¿Qué me gustaría hacer de «otra manera» en el futuro?*

FOCALIZAR
Debemos dejar de culpar a los demás por nuestros problemas. Alguien podría decir: «Pero, ¡usted no tiene idea de las cosas que hizo mi madre! ¡No sabe de qué manera me falló mi padre y me desquició la vida!» Es verdad. No sabemos lo que su padre o madre le hayan hecho. Pero la cuestión que importa es lo que haga esa persona al respecto.
—Dr. Tony Evans

* *¿Hasta qué punto los padres son responsables por las acciones de sus hijos?*
* *¿Hasta qué punto consideramos a nuestros padres responsables de nuestra situación presente? ¿Por qué?*

BUSCAR NUEVAS PERSPECTIVAS
En quinto lugar, y para finalizar, los pactos de Dios tienen continuidad, o repercusiones a largo plazo. Lo que hacemos no sólo nos afecta a nosotros. Afecta a aquellos que están en contacto con nosotros y a aquellos que vienen después de nosotros. Tiene que ver con la herencia.

Preguntémosles, sino, a Adán y Eva. Su pecado se derramó sobre la siguiente generación, en la que Caín mató a Abel, lo que llevó finalmente a un juicio sobre todo el mundo (ver Génesis 6). Mucha gente hoy pasa por situaciones que son consecuencia de cosas con las que no han tenido que ver personalmente. El padre y la madre estuvieron metidos en ese problema, y luego sus hijos sufren las repercusiones.

Un bebé que nace adicto al alcohol, o pasa por el síndrome de abstinencia por causa de las drogas, necesita tratamiento médico desde el mismo momento en que abandona el vientre de su madre porque otros quebrantaron las leyes de Dios. De la misma manera que todos los otros principios divinos, éste opera en el nivel personal, en el familiar, en el eclesial y en el nacional.

Estoy convencido de que la razón por la que hay tanta sangre y violencia en nuestras calles es porque estamos derramando sangre inocente en las clínicas dedicadas a la realización de abortos. No podemos evadir las repercusiones que produce el quebrantar las leyes de Dios, ni el heredar las consecuencias propias de esta conducta.

Deberíamos permanecer dentro de la voluntad de Dios (y cuando nos salimos, luchar por volver a ella cuanto antes) porque la vida no tiene que ver sólo con nosotros. Incluye a muchas otras personas.

En los Diez Mandamientos, Dios señala esto: «Cuando los padres son malvados y me odian, yo castigo a sus hijos hasta la tercera y cuarta generación (Éxodo 20:5). Y podemos estar seguros de que les resultará peor a los descendientes de los malvados que a sus propios padres. El mal y el juicio de Dios se multiplican progresivamente con el transcurrir del tiempo.   —Dr. Tony Evans, *La agenda del reino*

Reflexionar: ¿Qué significa heredar consecuencias que «forman parte del paquete»?

Conectar: ¿En qué ocasión experimentamos las consecuencias (buenas o malas) de alguna acción o decisión de nuestros padres?

APLICAR ESAS PERSPECTIVAS

¿En qué me afecta?: ¿Qué clase de cosas le estoy pasando a la próxima generación? ¿Qué tipo de herencia espiritual recibirán de mi parte?

- *¿Qué otras perspectivas hacen aflorar en mí estas lecturas? ¿Tengo alguna pregunta más sobre las expresiones del Dr. Evans? ¿Se me ocurre alguna otra idea para la aplicación personal?*

AVANZAR HACIA UN COMPROMISO

- *Una de las cosas que necesito hacer para transmitir cosas positivas a la próxima generación es:*

- *Un primer paso a dar sería:*

- *Para alcanzar una mayor transparencia con el grupo, lo más importante que debería transmitirle es:*

EXAMINAR LA PALABRA

Asegurémonos de analizar aquellas escrituras que se relacionan con las «consecuencias de los pactos»:
- Génesis 4:1-15
- Ezequiel 18:2-22
- 2 Timoteo 1:2-5

TIEMPO DE ORACIÓN

Amado Señor, quiero transmitir solo cosas buenas a la siguiente generación. **Específicamente te pido que:**

EL GOBIERNO
EN UNA AGENDA DEL REINO

5

DÍA 1: ¿QUÉ FORMA DE GOBIERNO?

Antes de comenzar, pensemos...
- *¿Cuáles son mis expectativas de aprendizaje para esta semana de estudio?*
- *¿Estoy abierto a adquirir nuevas perspectivas y permitirle a Dios que me conduzca hacia nuevas actitudes y conductas?*

FOCALIZAR
No hay espacio para quienes quieren instalarse en el trono del Universo junto a Dios.
—Dr. Tony Evans

- *¿Qué clase de dictadores imaginamos que puedan gobernar el Universo?*
- *¿En que modo difiere el gobierno de Dios del de los dictadores humanos?*

BUSCAR NUEVAS PERSPECTIVAS
A través de los siglos, la humanidad ha intentado cantidad de variantes en un esfuerzo por lograr la mejor forma de gobierno. La forma de gobierno con la que estamos más familiarizados es la democracia, el gobierno de la mayoría. Está todo bien cuando la mayoría está en lo correcto. Pero si somos gobernados por una mayoría que está equivocada, el país estará en problemas, porque cuanto peor se ponga esa mayoría, mayor cantidad de elecciones incorrectas realizará.

Por ejemplo, cuando una buena cantidad de gente descubre que tiene la posibilidad de votar en su beneficio personal, seguramente lo hace. Entonces esa cultura se halla en dificultades porque la mayoría se ha vuelto egoísta al realizar sus elecciones. Creo que esto nos suena conocido a los norteamericanos.

Creo que la mejor forma de gobierno humano es la república constitucional. La gente gobierna a través de los representantes que ha elegido, y ellos deben gobernar respetando las leyes. En una república existe un documento rector (una carta magna) o un compromiso al que se puede apelar y al que todos los sectores juran respetar: la constitución.

Este documento gobierna sobre la mayoría porque nadie puede votar fuera del ámbito constitucional, y señala las pautas de gobierno de la nación. Hoy, los Estados Unidos viven de algún modo la tensión que existe entre su intención democrática y los principios de gobierno vigentes.

Una república constitucional es el ideal de Dios, pero solo si funciona de la manera en que Dios planificó el gobierno dentro de la historia, y eso es bajo su conducción universal.

Esa forma de gobierno, por supuesto es el reino de Dios. En las lecturas de esta semana quiero considerar la forma en que Dios gobierna su reino. Hemos visto que Dios ha establecido cuatro pactos básicos, cuatro mecanismos a través de los que gobierna. Podríamos llamarlos: gobierno personal, gobierno familiar, gobierno eclesial, y gobierno civil. Me referiré a ellos en esos términos durante esta semana.

—Dr. Tony Evans, *La agenda del reino*

Reflexionar: ¿Cuál es la diferencia entre una democracia y una república constitucional?

Conectar:¿Hasta qué punto nuestra república constitucional nos toma en consideración como ciudadanos? ¿Y a nuestra familia? ¿Y a nuestra comunidad?

APLICAR ESAS PERSPECTIVAS

¿En qué me afecta?: Si pudiera definir la forma de gobierno de mi país, elegiría:

___Una dictadura

___Una monarquía

___Una teocracia o «eclesiocracia» (gobierno a través de la religión oficial)

___El socialismo

___El comunismo

___El fascismo

___Una democracia

___Una república parlamentaria

___Una república constitucional

___Otras_____

¿Por qué razones?

- *¿Qué otras perspectivas hacen aflorar en mí estas lecturas? ¿Tengo alguna pregunta más sobre las expresiones del Dr. Evans? ¿Se me ocurre alguna otra idea para la aplicación personal?*

AVANZAR HACIA UN COMPROMISO

- *Una de las cosas que necesito para crecer en mi comprensión de la forma en que Dios gobierna el mundo es:*

- *Un primer paso a dar sería:*

- *Para alcanzar una mayor transparencia con el grupo, lo más importante que debería transmitirle es:*

EXAMINAR LA PALABRA

Asegurémonos de analizar aquellas escrituras que se relacionan con el «gobierno de Dios»:

- Isaías 45:7-18; 46:9-10
- Daniel 3
- Marcos 4:1-11

TIEMPO DE ORACIÓN

Amado Señor, ayúdame a dedicar más tiempo a alabarte y agradecerte por la manera tan sabia en que gobiernas el Universo entero.
Específicamente te pido que:

DÍA 2: ¿GOBERNAMOS SOBRE NOSOTROS MISMOS?

Antes de comenzar, pensemos...
- *¿De qué manera las enseñanzas de ayer afectaron mis actitudes y conducta durante el día?*
- *¿Qué me gustaría hacer de «otra manera» en el futuro?*

FOCALIZAR

Tiempo atrás tuvimos ciertas personas que actuaron con irresponsabilidad. Se fueron de nuestra congregación enojadas porque la iglesia no les daba dinero. Quisieron hacer que nos sintiéramos culpables, pero Dios nos muestra que tenemos la responsabilidad de trabajar. Si somos personas sanas y capaces, debemos proveer para las necesidades de la familia.
                                                          —Dr. Tony Evans

- *Si fueses pastor o diácono, ¿cómo enfrentarías esa situación?*
- *¿En qué punto trazamos el límite entre la necesidad legítima y la irresponsabilidad?*

BUSCAR NUEVAS PERSPECTIVAS

El gobierno de Dios siempre comienza desde la responsabilidad personal (o sea el gobierno de uno mismo) sujeta a él. Ese es el mensaje que escuchamos muchas veces en la reunión de la Cena del Señor. En 1 Corintios 11:28, Pablo dice: «Así que cada uno debe examinarse a sí mismo antes de comer el pan y beber de la copa.»

Pablo habla de un autoexamen espiritual, que forma parte del proceso de gobernarse a uno mismo. Y él continúa en el versículo 31: «Si nos examináramos a nosotros mismos, no se nos juzgaría.» El gobierno de Dios comienza siempre con la responsabilidad personal como piso.
En 2 Tesalonicenses 3, Pablo se ocupa de un problema serio que se había producido en la iglesia: hombres que se rehusaban a trabajar.

Hermanos, en el nombre del Señor Jesucristo les ordenamos que se aparten de todo hermano que esté viviendo como un vago y no según las enseñanzas recibidas de nosotros. Ustedes mismos saben cómo deben seguir nuestro ejemplo. Nosotros no vivimos como ociosos entre ustedes, ni comimos el pan de nadie sin pagarlo. Al contrario, día y noche trabajamos arduamente y sin descanso para no ser una carga a ninguno de ustedes. Porque incluso cuando estábamos con ustedes, les ordenamos: «El que no quiera trabajar, que tampoco coma.»

Sé que algunos dirán que deberíamos sentir lástima por gente así. Si esa es nuestra actitud, entonces sintamos tanta lástima por esa persona como para cargarla en nuestro automóvil y llevarla a algún lugar donde consiga un empleo. Si un hombre no está dispuesto a asumir su responsabilidad personal, le hacemos un daño, lo perjudicamos, si lo ayudamos a volverse aún más irresponsable. La familia, la iglesia y el gobierno no pueden hacer algo constructivo por esas personas hasta que están dispuestas a autogobernarse. De otro modo, sólo perpetuarían el caos dentro de nuestras comunidades.

—Dr. Tony Evans, *La agenda del reino*

Reflexionar: ¿Qué significa «apartarnos» (versículo 6, más arriba) de alguien que lleva una vida desordenada? ¿Resultaría hoy en día?

Conectar: ¿Alguna vez alguien ha procurado sacar ventaja de nosotros rehusándose a asumir su responsabilidad personal? ¿Qué sucedió?

APLICAR ESAS PERSPECTIVAS
¿En qué me afecta?: ¿Con qué criterios juzgo si una persona necesita ayuda o si lo mejor es animarla a que se acerque a la oficina de empleos?

• *¿Qué otras perspectivas hacen aflorar en mí estas lecturas? ¿Tengo alguna pregunta más sobre las expresiones del Dr. Evans? ¿Se me ocurre alguna otra idea para la aplicación personal?*

AVANZAR HACIA UN COMPROMISO

- *Una de las cosas que necesito hacer para adquirir mayor gobierno sobre mí mismo es:*

- *Un primer paso a dar sería:*

- *Para alcanzar una mayor transparencia con el grupo, lo más importante que debería transmitirle es:*

EXAMINAR LA PALABRA

Asegurémonos de analizar aquellas escrituras que se relacionan con «gobierno sobre uno mismo»
- Marcos 12:13-17
- Juan 8:26-29
- Gálatas 5:22-23

TIEMPO DE ORACIÓN

Amado Señor, dame la capacidad de asumir día a día la responsabilidad de mis propias acciones, dependiendo de tus fuerzas y tu guía.
Específicamente te pido que:

DÍA 3: ¡TAMBIÉN HAY GOBIERNO DENTRO DE LA FAMILIA!

Antes de comenzar, pensemos...
- *¿De qué manera las enseñanzas de ayer afectaron mis actitudes y conducta durante el día?*
- *¿Qué me gustaría hacer de «otra manera» en el futuro?*

FOCALIZAR

Según la Biblia, dentro del gobierno familiar la responsabilidad de educar a los niños descansa sobre el hogar. Es deber de los padres, y no del estado, velar por la educación de sus niños y asegurarse de que crezcan «en la disciplina y amonestación del Señor». La única manera en que los padres pueden cumplir con este mandato es aplicando las verdades de Dios a todas las áreas de la vida en las que deben formar a sus hijos.
—Dr. Tony Evans

- *¿Cuántas familias de nuestro vecindario estarían de acuerdo con esta afirmación?*
- *¿En qué ocasiones hemos visto a las escuelas públicas realizar una buena tarea de educación de los niños? ¿Y una tarea deficiente?*

BUSCAR NUEVAS PERSPECTIVAS

Sólo cuando una situación traspasa nuestra capacidad personal de hacerle frente, debemos preocuparnos por conseguir ayuda para nuestra familia. Aquí se vuelve fundamental tener un buen criterio para el gobierno familiar.

Pablo encara este tema en 1 Timoteo 5, cuando escribe: «Pero si una viuda tiene hijos o nietos, que éstos aprendan primero a cumplir sus obligaciones con su propia familia y correspondan así a sus padres y abuelos, porque eso agrada a Dios» (versículo 4).

Luego dice: «Si alguna creyente tiene viudas en su familia, debe ayudarlas para que no sean una carga a la iglesia; así la iglesia podrá atender a las viudas desamparadas» (versículo 16). Las viudas realmente «desamparadas» son aquellas que no cuentan con familias que las sostengan; esas son las que deben ser amparadas por la iglesia.

Pero notemos que la familia está antes que la iglesia. Los padres que han cumplido bien su labor dedicaron todos sus años a trabajar esforzadamente por sus hijos, para criarlos bien, sin escatimar energías ni esfuerzo y pusieron en ello toda su alma y corazón. La Biblia enseña que las primeras personas a las que deberían recurrir esos padres en busca de ayuda cuando la necesitan son sus hijos y nietos. Y si un hijo adulto tiene padres o abuelos que dieron su vida por ellos, para criarlos bien, y Dios le ha dado los medios para ayudar a sus padres ancianos, es violar la palabra de Dios el evadir la responsabilidad y enviarlos a pedir ayuda a la iglesia.

La iglesia no alimentó ni vistió a ese niño. La iglesia no proveyó un techo para ese niño. La Biblia enseña que los hijos adultos les deben algo a sus padres. De acuerdo con 1 Timoteo 5:8, cualquiera que no provee para «los suyos» es «peor que un incrédulo».

—Dr. Tony Evans, *La agenda del reino*

Reflexionar: ¿Funciona bien como »sistema de soporte» la familia en nuestra comunidad? ¿Cómo se podría fortalecer este tipo de apoyo dentro de nuestra propia situación familiar?

Conectar: ¿Mayormente nos estamos ocupando de nuestros niños o de nuestros padres en este tiempo? ¿Con qué dificultades o gratificaciones nos enfrentamos?

APLICAR ESAS PERSPECTIVAS

¿En qué me afecta?: La última vez que necesité ayuda de mi familia…

* *¿Qué otras perspectivas hacen aflorar en mí estas lecturas? ¿Tengo alguna pregunta más sobre las expresiones del Dr. Evans? ¿Se me ocurre alguna otra idea para la aplicación personal?*

AVANZAR HACIA UN COMPROMISO

- *Una de las cosas que necesito hacer para lograr que mi familia entre en un compromiso de apoyo mayor hacia cada uno de los miembros es:*

- *Un primer paso a dar sería:*

- *Para alcanzar una mayor transparencia con el grupo, lo más importante que debería transmitirle es:*

EXAMINAR LA PALABRA

Asegurémonos de analizar aquellas escrituras que se relacionan con el «gobierno familiar»
- Deuteronomio 6:1-9
- Salmo 128:3-6
- Salmo 133
- Efesios 6:1-4

TIEMPO DE ORACIÓN

Amado Señor, ayúdame a descubrir cómo asumir mejor las responsabilidades que tengo con mi familia considerando mi situación actual. **Específicamente te pido que:**

DÍA 4: EL GOBIERNO DE LA IGLESIA

Antes de comenzar, pensemos...

- *¿De qué manera las enseñanzas de ayer afectaron mis actitudes y conducta durante el día?*
- *¿Qué me gustaría hacer de «otra manera» en el futuro?*

FOCALIZAR

El objetivo de la iglesia es equiparnos para vivir delante de Dios ejerciendo gobierno sobre nosotros mismos. No es tarea de la iglesia solucionar todos nuestros problemas sino enseñarnos cómo resolverlos bajo la dirección de Dios. La iglesia puede auxiliarnos en la tarea de hacerlo, pero no llevarlo a cabo en nuestro lugar. —Dr. Tony Evans

- *¿De qué manera nos enseña la iglesia cómo solucionar los problemas?*
- *¿Qué sucede cuando esperamos que la iglesia nos solucione todos los problemas?*

BUSCAR NUEVAS PERSPECTIVAS

El rol de la iglesia es disciplinar a los individuos y a las familias de manera que aprendan a ir colocando progresivamente todas las áreas de la vida bajo el señorío de Jesucristo. Este es el gobierno que le corresponde. La iglesia debe ser mirada como un establecimiento doméstico extendido, o un grupo de familias que viven bajo la autoridad y la verdad del reino de Dios (ver 1 Timoteo 3:15).

Para poder alcanzar su meta, la iglesia debe proveerles a sus miembros un contexto colectivo primario, que compartirán a través de cuatro experiencias. Son estas: la alabanza (la celebración de Dios por lo que él es, por lo que ha hecho, y por lo que promete hacer); la comunión (la participación conjunta de la vida y el amor de Cristo entre los miembros que la componen); la educación (la enseñanza y el entrenamiento impartidos desde una perspectiva bíblica del mundo); y la evangelización (el testimonio dado a los perdidos tanto en palabra como en obras).

La iglesia es el lugar en el que se reafirma una perspectiva bíblica del mundo y en el que el reino de Dios se manifiesta de una manera colectiva. Resulta fundamental que la iglesia funcione adecuadamente, dado que es la familia de la fe y no la familia natural la que se encamina hacia la eternidad.

Como añadido, la iglesia debe ser la primera expresión colectiva del reino de Dios en medio de la historia. Es aquí donde los preceptos y valores del reino se despliegan ante la vista pública para que el mundo los considere, de manera que si algún individuo o institución quisiera saber qué haría Dios para abordar un problema o necesidad social, le bastara con observar a la iglesia en acción. Aunque la iglesia no está para imponer la religión sobre la cultura, sin embargo tiene la responsabilidad de ser la conciencia religiosa del gobierno, de manera que este pueda comprender e implementar los principios del reino en la cultura de un modo más amplio. De esta forma, la iglesia actúa como la sal de la tierra y la luz del mundo (ver Mateo 5:13-16)

—Dr. Tony Evans, *La agenda del reino*

Reflexionar: ¿Alguna vez hemos podido observar alguna iglesia realizar una buena tarea como «conciencia religiosa» del gobierno civil? ¿Cómo resultaron las cosas?

Conectar: ¿Cómo se reafirma la perspectiva bíblica del mundo desde nuestra iglesia? ¿Cuáles son las principales cuestiones que se enfocan?

APLICAR ESAS PERSPECTIVAS
¿En qué me afecta?: Cuando pienso en mi relación con la iglesia, entiendo que mi principal necesidad se ubica dentro del área de:

___La adoración
___La comunión
___La educación
___La evangelización

• *¿Qué otras perspectivas hacen aflorar en mí estas lecturas? ¿Tengo alguna pregunta más sobre las expresiones del Dr. Evans? ¿Se me ocurre alguna otra idea para la aplicación personal?*

AVANZAR HACIA UN COMPROMISO

- *Una de las cosas que necesitaría hacer para ayudar a mi iglesia a ser lo que debería es:*

- *Un primer paso a dar sería:*

- *Para alcanzar una mayor transparencia con el grupo, lo más importante que debería transmitirle es:*

EXAMINAR LA PALABRA

Asegurémonos de analizar aquellas escrituras que se relacionan con la «vida saludable de la iglesia»:
- 1 Tesalonicenses 5:12-22
- Tito 1:5-2:10
- 1 Timoteo 2-3
- 1 Pedro 2:9-12

TIEMPO DE ORACIÓN

Amado Señor, dame el valor de ser un miembro de la iglesia que muestre ante la gente tu perspectiva del mundo. **Específicamente te pido que:**

DÍA 5: ¡SEAMOS BUENOS CIUDADANOS!

Antes de comenzar, pensemos...
- *¿De qué manera las enseñanzas de ayer afectaron mis actitudes y conducta durante el día?*
- *¿Qué me gustaría hacer de «otra manera» en el futuro?*

FOCALIZAR

Permítanme decirles algo: Si la iglesia y la familia estuvieran realizando bien su labor (lograr que los individuos ejerzan gobierno sobre ellos mismos de manera responsable), el gobierno podría enfocarse en lo que debiera, porque la gente no estaría esperando que el gobierno hiciese todo por ellos. Esta es la perspectiva bíblica del gobierno. Si esperamos que el tío Sam haga todo por nosotros, desde ya estamos destinados al fracaso. —Dr. Tony Evans

- *¿Cuál es la principal función del gobierno?*
- *Según nuestra opinión, ¿hasta qué punto nuestra comunidad debería depender de los programas gubernamentales?*

BUSCAR NUEVAS PERSPECTIVAS

El rol del gobierno civil es promover la justicia en la sociedad para que individuos, familias e iglesia cumplan con su llamado bajo la guía de Dios de una manera ordenada y sin trabas. El gobierno civil debe apoyar y proteger los derechos mencionados por la Biblia, las libertades, y los objetivos de las otras instituciones divinas, de manera que la atmósfera en la que operen las lleve al crecimiento y a una libertad productiva. El gobierno, como tal, no debe procurar impedir el normal funcionamiento de las otras esferas institucionales, ni reemplazarlas, a través de controles burocráticos. Más bien, debería ayudarlas en todas aquellas formas que destaquen su capacidad de ser eficaces en la realización de los objetivos divinamente proyectados.

Vemos una clara ilustración de este principio en acción en Nehemías 3, cuando él regresó a Jerusalén para reconstruir los muros de la ciudad y restaurar la vida de la comunidad. Nehemías comenzó a trabajar desde lo más primario. Empezó con los individuos que quisieron reclutar a sus familias para la labor. Luego colocó estratégicamente a las familias en lugares del muro cercanos a sus propios hogares de manera que tuvieran un interés verdadero en el trabajo (ver el versículo 10). Los sacerdotes (la iglesia) reunían, enseñaban e inspiraban al pueblo (ver capítulo 8:1-18).

El gobierno apoyaba el programa revitalizador de la comunidad garantizándole proveer la madera necesaria para la construcción (ver 2.8) y brindando protección a los constructores (ver 2:7,9). Pero el gobierno civil sólo ayudó a realizar lo que los individuos, las familias y la comunidad espiritual ya estaban entregados a hacer (ver 2:18). El desarrollo comunitario se llevó a cabo comenzando desde abajo, y no desde arriba.

Cuando la gente se gobierna a ella misma en sujeción a Dios, tiene paz y bendición. Cuando la gente busca que la gobiernen otros (u otras cosas) que no tienen que ver con Dios, nos encontramos frente a una anarquía. La gente suele decir: «Me gustaría que la iglesia o el gobierno hicieran algo.» Dios dice: «Realmente me gustaría que tú hicieras algo».

—Dr. Tony Evans, *La agenda del reino*

Reflexionar: ¿Es posible para el gobierno ser absolutamente justo en su trato con todos los ciudadanos?

Conectar: ¿Cuándo hemos experimentado al gobierno civil como una bendición de Dios? ¿Cuándo lo hemos visto como un enemigo de Dios?

APLICAR ESAS PERSPECTIVAS

¿En qué me afecta?: Cuando se trata del grado de ingerencia que el gobierno tiene sobre mi vida, me gustaría…

___que tuviera mucha más
___que tuviera mucha menos

Esta es la razón:

- *¿Qué otras perspectivas hacen aflorar en mí estas lecturas? ¿Tengo alguna pregunta más sobre las expresiones del Dr. Evans? ¿Se me ocurre alguna otra idea para la aplicación personal?*

AVANZAR HACIA UN COMPROMISO

- *Una de las cosas que necesito para lograr que el desarrollo comunitario surja «desde abajo» (como lo sugiere el Dr. Evans) es:*

- *Un primer paso a dar sería:*

- *Para alcanzar una mayor transparencia con el grupo, lo más importante que debería transmitirle es:*

EXAMINAR LA PALABRA

Asegurémonos de analizar aquellas escrituras que se relacionan con el «gobierno civil»:
- Romanos 13
- Tito 3:1
- 1 Pedro 2:13-25

TIEMPO DE ORACIÓN

Amado Señor, ayúdame a ser un buen ciudadano dentro de mi vecindario. **Específicamente te pido que:**

S E M A N A 6

LA AUTORIDAD
EN UNA AGENDA DEL REINO

6

DÍA 1: LA AUTORIDAD: COMIENZA CON LA BIBLIA

Antes de comenzar, pensemos...
- *¿Cuáles son mis expectativas de aprendizaje para esta semana de estudio?*
- *¿Estoy abierto a adquirir nuevas perspectivas y permitirle a Dios que me conduzca hacia nuevas actitudes y conductas?*

FOCALIZAR

Dado que la palabra de Dios es la autoridad sobre nuestras vidas y nos ha dejado instrucciones específicas para que las observemos, ¿en dónde encontramos la motivación para obedecerla? Para los injustos sería el temor al juicio. El motivo para los rectos es su aprecio por la gracia que Dios les ha mostrado. Tú y yo obedecemos la palabra de Dios por gratitud, porque reconocemos que es por su gracia que estamos aquí.
—Dr. Tony Evans

- *¿Cómo podemos descubrir si estamos haciendo algo por miedo?*
- *¿Cómo podemos saber si estamos sirviendo a Dios por pura gratitud?*

BUSCAR NUEVAS PERSPECTIVAS

El punto en el que comienza la agenda del reino es con nuestro compromiso personal con la autoridad de la Biblia. Bien lo expresó Jesús en Mateo 4.4: «No sólo de pan vive el hombre, sino de toda palabra que sale de la boca de Dios.» La vida misma está ligada a la autoridad de la Biblia. Si nos rebelamos contra ella, nos rebelamos contra la vida.

Moisés le dijo a Israel: «Cumple fielmente todos los mandamientos que hoy te mando, para que vivas» (Deuteronomio 8:1). La vida y la muerte dentro del reino de Dios están ligadas al tema de la autoridad que tiene la Biblia. Necesitamos conocer los mandamientos de Dios para que podamos cumplirlos y vivir.

Tal vez alguien me diga: «Tony, la Biblia es un libro muy grande. Tiene setenta y seis libros. Llevaría toda una vida comprender la Biblia ¿Cómo podría yo hacerlo?»

Sí, es inagotable. Tanto que a los teólogos se les va la vida tratando de comprenderla. Sin embargo, la palabra de Dios es tan clara que hasta los niños pueden entender su sentido. Y la Biblia contiene, relativamente, pocas enseñanzas medulares, aunque las presente de mil maneras distintas.

Permítanme ilustrar. Éxodo 20 contiene lo que Moisés llama literalmente las «diez palabras». Las conocemos como los Diez Mandamientos.

Podríamos decir que son un resumen de la vida; constituyen el fundamento y la esencia de la ley de Dios. Luego Dios añade alrededor de 613 estipulaciones particulares para desmenuzar los mandamientos más en detalle. Pero esas «diez palabras» resumen lo que Dios espera de nosotros.

Así que si comprendemos los Diez Mandamientos, habremos captado la médula de lo que Dios espera de los súbditos de su reino. Puede ser que no conozcamos todos los detalles, pero contamos con el resumen de la ley de Dios sobre el que podemos construir lo que falta. Vayamos a esos mandamientos ahora mismo y meditemos sobre ellos por un rato. Luego preguntémonos: ¿Qué tipo de compromiso tengo con la autoridad de la Biblia?

—Dr. Tony Evans, *La agenda del reino*

Reflexionar: Supongamos que se prestara más atención a los Diez Mandamientos en estos días. ¿Cómo andarían las cosas en la familia, en la iglesia y en el vecindario?

Conectar: ¿Cómo podemos saber si una persona tiene un compromiso con la autoridad que deviene de la Biblia? ¿De qué modo vemos que sucede en nuestra vida?

APLICAR ESAS PERSPECTIVAS

¿En qué me afecta?: Cuando pienso en las razones que tengo para obedecer a Dios, diría que mayormente me siento motivado por temor/gratitud (trazar un círculo alrededor de una de las dos palabras). Me doy cuenta por lo siguiente:

- *¿Qué otras perspectivas hacen aflorar en mí estas lecturas? ¿Tengo alguna pregunta más sobre las expresiones del Dr. Evans? ¿Se me ocurre alguna otra idea para la aplicación personal?*

AVANZAR HACIA UN COMPROMISO

- *Una de las cosas que debería hacer para concretar un mayor compromiso de respeto a la autoridad que emana de la Biblia es:*

- *Un primer paso a dar sería:*

- *Para alcanzar una mayor transparencia con el grupo, lo más importante que debería transmitirle es:*

EXAMINAR LA PALABRA

Asegurémonos de analizar aquellas escrituras que se relacionan con el «compromiso personal con la autoridad de la Palabra»:

- Éxodo 20:1-7
- 2 Reyes 22:8-23.3
- Mateo 5:17-48

TIEMPO DE ORACIÓN

Amado Señor, ayúdame a colocarme bajo la autoridad de tu Palabra en todas las decisiones que deba tomar. **Específicamente te pido que:**

DÍA 2: ALGO NECESARIO: UNA FAMILIA COMPROMETIDA CON LA PALABRA DE DIOS

Antes de comenzar, pensemos...
- *¿De qué manera las enseñanzas de ayer afectaron mis actitudes y conducta durante el día?*
- *¿Qué me gustaría hacer de «otra manera» en el futuro?*

FOCALIZAR

Si el papá y la mamá de Johny no lo castigan físicamente, ¿realmente lo aman? Cuando uno ama a alguien, evita que se desvíe por un camino equivocado. —Dr. Tony Evans

- *¿Estamos de acuerdo en que el castigo físico es una señal de amor?*
- *¿Qué pueden hacer los padres cuando un niño se rehúsa a recibir su corrección amorosa?*

BUSCAR NUEVAS PERSPECTIVAS

Junto con el compromiso personal de sujeción a la autoridad de la Biblia, la segunda manera en que se manifiesta esta autoridad en el reino de Dios es a través de la familia. Comienza en el individuo, pero luego se traslada a la familia.

En Deuteronomio 4:9-10, Moisés enfatiza la necesidad de enseñar la palabra de Dios y sus caminos a los niños. (Leer el pasaje ahora.) ¿Hemos captado el mensaje? Si tenemos familia, somos responsables de tomar los recaudos para que la verdad que estamos aprendiendo les llegue a nuestros niños. Si no enseñamos la palabra de Dios a nuestra familia, hay alguien dando vueltas por ahí, con otra palabra, que le encantaría enseñarles a nuestros niños.

Satanás tiene su propio mensaje, su propio reino, y sus propios maestros. Ellos desean hacerse cargo de enseñar a nuestros niños en lugar de nosotros. Encontramos algunos de estos maestros en las calles, otros dentro del sistema escolar, y hasta algunos dentro de la iglesia. Nuestros niños podrían sentarse junto a otros niños cuya falta de interés por Dios se les pegara.

Así que debemos enseñar «diligentemente» a nuestros hijos, y no de manera ocasional. Eso puede implicar la necesidad de apagar el televisor y usar ese tiempo para la enseñanza. Pero tengo buenas noticias para aquellos que están realizando bien su tarea. «Instruye al niño en el camino correcto, y aun en su vejez no lo abandonará» (Proverbios 22:6).

Transmitamos a nuestros niños la palabra de Dios en sus años tempranos, y aun si pegaran un giro en sus vidas, el Espíritu tendría de dónde tomarlos para traerlos de regreso.

La familia también es el lugar donde los niños reciben corrección, en base a la autoridad que nos concede la Biblia. Proverbios 13:24 dice: «No corregir al hijo es no quererlo; amarlo es disciplinarlo.» Aquí vemos la palabra corrección utilizada en conexión con la enseñanza a nuestros hijos. Tenemos que ser diligentes en cuanto a disciplinarlos también.

—Dr. Tony Evans, *La agenda del reino*

Reflexionar: ¿Notamos que se da enseñanza dentro de las familias que nos rodean?

Conectar: ¿Nos resulta difícil apagar el televisor cuando estamos en familia? ¿Por qué?

APLICAR ESAS PERSPECTIVAS

¿En qué me afecta?: ¿Sobré qué cosas hemos enseñado a nuestra familia últimamente? ¿Son éstas las cosas que Dios quiere que transmitamos?

- *¿Qué otras perspectivas hacen aflorar en mí estas lecturas? ¿Tengo alguna pregunta más sobre las expresiones del Dr. Evans? ¿Se me ocurre alguna otra idea para la aplicación personal?*

AVANZAR HACIA UN COMPROMISO

- *Una de las cosas que necesito hacer para asegurarme de que en mi familia se imparta enseñanza y disciplina siguiendo el modelo de autoridad de la Biblia es:*

- *Un primer paso a dar sería:*

- *Para alcanzar una mayor transparencia con el grupo, lo más importante que debería transmitirle es:*

EXAMINAR LA PALABRA

Asegurémonos de analizar aquellas escrituras que se relacionan con «disciplina y enseñanza dentro de la familia»:
- Números 30:1-16
- Proverbios 6:1-23
- Colosenses 3:17-4:6

TIEMPO DE ORACIÓN

Amado Señor, dale a nuestra familia el valor para pararse en defensa de tu Palabra. **Específicamente te pido que:**

DÍA 3: ¿AUTORIDAD BÍBLICA O «PASAJES PARA EL CIELO»?

Antes de comenzar, pensemos...

- *¿De qué manera las enseñanzas de ayer afectaron mis actitudes y conducta durante el día?*
- *¿Qué me gustaría hacer de «otra manera» en el futuro?*

FOCALIZAR

El gobernador de nuestro estado quiso hablar con nosotros acerca de cómo la iglesia debería influir sobre la sociedad; cuando la iglesia funciona bien, el gobierno no necesita hacer todas las cosas o aumentar los impuestos para pagar a quienes lo hagan, porque las iglesias se convierten en centros de esperanza dentro de cada comunidad. Desde la oficina del gobernador buscaban encontrar algún ejemplo de ello, y eligieron nuestra iglesia.
                                                                    —Dr. Tony Evans

- *¿Qué necesitaría una iglesia para convertirse en un «centro de esperanza» en medio de una comunidad?*
- *¿Qué tipo de esperanza le ofrece al vecindario nuestra iglesia?*

BUSCAR NUEVAS PERSPECTIVAS

La alternativa del reino tiene que ver con que la iglesia constituya la segunda línea, o línea de apoyo, en lo que hace al bienestar social. La ayuda comienza desde la familia, pero luego se brinda desde la iglesia, porque debe ser llevada a cabo donde vive la gente.

Jesús dijo que su pueblo debía ser «la sal de la tierra» y «la luz del mundo» (Mateo 5:12-14). La tarea de la iglesia es arrojar luz sobre la verdad, y no simplemente pontificar sobre ella. Nuestra tarea no consiste solo en hablar acerca de lo que el mundo debería hacer, sino ilustrarlo con nuestras acciones.

Si hemos de vivir como iglesia bajo la autoridad de la Biblia, debemos obedecer la gran comisión (ver Mateo 28:19-20). Pero quiero que veamos algo sobre este mandato que puede ser que no hayamos notado antes. Creo que se trata de un punto que la iglesia evangélica ha pasado por alto, en cuanto a la gran comisión.

Jesús dijo en Mateo 28: «Se me ha dado toda autoridad en el cielo y en la tierra. Por tanto vayan y hagan discípulos de todas las naciones». La palabra griega que Jesús usó es ethnos, y está traducida «naciones». Se refiere a una colección de individuos que constituyen un grupo.

Puede tratarse de un grupo cultural, de un grupo racial o de un grupo geográfico, pero la palabra tiene que ver con grupos de gente. Los grupos se constituyen a partir de individuos, pero Jesús habla de algo que no tiene que ver simplemente con logros en un nivel individual.

La idea de Dios es que la iglesia se vuelva tan poderosa y produzca un impacto tal que comunidades enteras, grupos raciales enteros y naciones enteras resulten modificadas de alguna manera por el ministerio de discipulado de la iglesia. Él desea que la iglesia no solo afecte la vida de los individuos sino a las mismas estructuras que conforman la sociedad y mantienen juntas a las personas.

Por esa razón la iglesia no puede contentarse simplemente con darle a la gente un boleto gratuito para entrar al cielo.

—Dr. Tony Evans, *La agenda del reino*

Reflexionar: ¿Cómo imaginamos un «ministerio de discipulado» eficaz?

Conectar: ¿Quién (o qué cosa) consideramos que ha resultado más eficaz en cuanto a convertirnos en discípulos de la fe cristiana? ¿Qué papel ha jugado en ello la iglesia?

APLICAR ESAS PERSPECTIVAS

¿En qué me afecta?: Las personas que me han discipulado en la fe son: _____. Las personas a las que estoy discipulando en este tiempo son: _____.

- *¿Qué otras perspectivas hacen aflorar en mí estas lecturas? ¿Tengo alguna pregunta más sobre las expresiones del Dr. Evans? ¿Se me ocurre alguna otra idea para la aplicación personal?*

AVANZAR HACIA UN COMPROMISO

- *Una de las cosas que necesito para extenderme hacia aquellos que necesitan ser guiados en la fe es:*

- *Un primer paso a dar sería:*

- *Para alcanzar una mayor transparencia con el grupo, lo más importante que debería transmitirle es:*

EXAMINAR LA PALABRA

Asegurémonos de analizar aquellas escrituras que se relacionan con «el ministerio de discipulado de la iglesia»:

- Mateo 28:19-20
- Efesios 4:7-16
- 2 Timoteo 2:1-2

TIEMPO DE ORACIÓN

Amado Señor, en los días que tengo por delante, muéstrame quién necesita recibir aliento y ayuda a través de un discipulado cristiano. **Específicamente te pido que:**

DÍA 4: ¿DÓNDE HA IDO A PARAR LA BIBLIA?

Antes de comenzar, pensemos...
- *¿De qué manera las enseñanzas de ayer afectaron mis actitudes y conducta durante el día?*
- *¿Qué me gustaría hacer de «otra manera» en el futuro?*

FOCALIZAR

Nuestra cultura es completamente esquizofrénica. En tanto que muchos procuran por todos los medios sacar a Dios y a los principios bíblicos de la escena pública, las leyes que rigen nuestra cultura siguen, en su mayor parte, fundamentadas sobre un marco de referencia bíblico. Sin embargo, muchas veces los funcionarios públicos acaban recompensando el mal y castigando o ignorando lo bueno. Como resultado, hemos logrado un caos moral y espiritual.

—Dr. Tony Evans

- *¿Podemos mencionar algunas leyes que estén basadas en principios bíblicos?*

BUSCAR NUEVAS PERSPECTIVAS

Una última manera en que se puede establecer la agenda del reino es a través del respeto que la cultura muestra a la autoridad de la Biblia. Proverbios 14:34 señala: «La justicia enaltece a una nación, pero el pecado deshonra a todos los pueblos». Aun las culturas no cristianas pueden ser un buen lugar para vivir cuando operan en ellas los principios cristianos.

Esto no significa que todos los gobernantes tengan que ser cristianos. Nunca sucederá. Por eso usé la palabra respeto en lugar de compromiso. Un gobierno no cristiano no se comprometerá con la Palabra de Dios. Pero hay ciertos principios establecidos por Dios que si la sociedad los sigue, pueden beneficiarla, aun cuando sus gobernantes no conozcan a Dios.

Pablo nos dice en 1 Timoteo 2:2 que oremos por nuestros gobernantes y por aquellos que están en autoridad para que podamos tener una sociedad en la que reine la paz. Tenemos que orar para que los funcionarios se vuelvan sensibles a la manera en que Dios indica que deben hacerse las cosas, porque las distintas sociedades pueden resultar lugares razonablemente buenos para vivir si reciben una influencia de los principios bíblicos.

Una nación se sostendrá o caerá en el la medida en que las reglas de Dios hayan penetrado esa cultura. Por esa razón es que nuestro sistema de educación pública está en problemas. Intenta lograr lo imposible: impartir información sin acompañarla de una ética. No podemos separar la información de la ética, porque si la gente no tiene pautas morales a través de las cuales medir los datos académicos, creará sus propias pautas y las inyectará dentro del programa de estudios.

El punto en cuestión no es si hay que enseñar moral o no, sino qué moral se está enseñando.

Las escuelas en general solían enseñar la moral de Dios. Por eso hubo un tiempo en que los Diez Mandamientos estaban colgados en las paredes pared de las escuelas. Era el reconocimiento de la existencia de ciertas normas de vida que deben ser respetadas, reglas que tienen en cuenta la perspectiva de Dios sobre la vida.

—Dr. Tony Evans, *La agenda del reino*

Reflexionar: ¿Qué sucede cuando separamos la información de la ética? (Refirámonos a la escuela pública, por ejemplo.)

Conectar: ¿En qué área de nuestra sociedad vemos la falta de pautas morales más seria? ¿Podemos pensar en algunos ejemplos?

APLICAR ESAS PERSPECTIVAS

¿En qué me afecta?: ¿Qué elementos puntuales en mi vida indican he »aceptado» la falta de una moralidad bíblica en la sociedad? (Por ejemplo, pensemos en nuestras preferencias en lo que hace al entretenimiento).

- *¿Qué otras perspectivas hacen aflorar en mí estas lecturas? ¿Tengo alguna pregunta más sobre las expresiones del Dr. Evans? ¿Se me ocurre alguna otra idea para la aplicación personal?*

AVANZAR HACIA UN COMPROMISO

- *Una de las cosas que puedo hacer para influir sobre el gobierno local en los aspectos morales es:*

- *Un primer paso a dar sería:*

- *Para alcanzar una mayor transparencia con el grupo, lo más importante que debería transmitirle es:*

EXAMINAR LA PALABRA

Asegurémonos de analizar aquellas escrituras que se relacionan con «la declinación moral de nuestro entorno»
- Colosenses 3:5-10
- 1 Corintios 5:9-11
- 2 Pedro 2:4-22

TIEMPO DE ORACIÓN

Amado Señor, dame el valor para confrontar la declinación moral de mi entorno. **Específicamente te pido que:**

DÍA 5: CUANDO NO HAY PARÁMETROS, ¡TENGAMOS CUIDADO!

Antes de comenzar, pensemos...
• *¿De qué manera las enseñanzas de ayer afectaron mis actitudes y conducta durante el día?*
• *¿Qué me gustaría hacer de «otra manera» en el futuro?*

FOCALIZAR
La palabra de Dios es la única autoridad que nos permite trazar límites claros en nuestra vida personal, en la familia, en la iglesia y en la sociedad. Hay un solo Rey en este reino y lo que rige allí es la Palabra. Ella constituye nuestro parámetro. —Dr. Tony Evans

• *¿Por qué le concedemos tanta autoridad a la Biblia?*
• *¿Cómo adquirió la Biblia su autoridad?*

BUSCAR NUEVAS PERSPECTIVAS
¿Por qué consideramos imperioso aprender a actuar en sujeción a la autoridad de la Biblia? Un simple ejercicio nos mostrará por qué la necesitamos.

Tomemos una hoja en blanco e intentemos dibujar una línea recta por el medio. ¿Qué sucederá? Saldrá torcida. No importa lo firme que sea nuestro pulso, si intentamos dibujar una línea derecha sin ayuda externa, en algún punto de esa línea va a aparecer una curvatura.

Entonces intentemos dibujar una línea recta con una regla. Coloquemos la regla al lado de la primera línea y dibujemos una segunda línea. La diferencia resultará obvia.

¿Captamos la idea? Cuando tratamos de vivir por nuestra cuenta, las cosas nos van a salir torcidas. No importa cuánto nos esforcemos, o lo rectos que seamos, nuestra vida tendrá jorobas y curvas, porque ni los mejores entre nosotros podrían vivir una vida recta por su cuenta.

Algunas veces, cuando intentamos dibujar una línea recta en nuestra vida y pensamos que lo hemos logrado, aparece un bulto en la mesa, debajo del papel, que hace que las cosas salgan torcidas. En otras ocasiones, alguien nos distrae y hace que nos desviemos. Y a veces nos concentramos tanto tratando de dibujar derecha la línea que terminamos complicándola.

Muchos de nosotros en el reino de Dios procuramos vivir la vida por nuestra cuenta, y continuamente la complicamos. Pero si permitimos que la palabra de Dios se convierta en nuestra regla y trazamos nuestra vida de acuerdo con sus patrones, solucionaremos las curvas y desvíos.

—Dr. Tony Evans, *La agenda del reino*

Reflexionar: ¿Por qué resulta tan importante tener normas por las que regir la vida?

Conectar: ¿En que momento nos hemos esforzado más por vivir en «una línea recta»? ¿Qué significó para nosotros depender de la palabra de Dios durante ese tiempo?

APLICAR ESAS PERSPECTIVAS

¿En qué me afecta?: Pensemos sobre lo que el Doctor Evans ha dicho en cuanto a dibujar la línea recta. En el espacio que aparece debajo, dibujemos la «línea» de nuestra vida hasta aquí. Señalemos las «jorobas» más importantes, y hagamos allí una flecha para adjuntar alguna breve explicación.

- *¿Qué otras perspectivas hacen aflorar en mí estas lecturas? ¿Tengo alguna pregunta más sobre las expresiones del Dr. Evans? ¿Se me ocurre alguna otra idea para la aplicación personal?*

AVANZAR HACIA UN COMPROMISO

- *Una de las cosas que necesito hacer para que aumente mi confianza en los estándares de Dios es:*

- *Para alcanzar una mayor transparencia con el grupo, lo más importante que debería transmitirle es:*

EXAMINAR LA PALABRA
Asegurémonos de analizar aquellas escrituras que se relacionan con «tener normas por las cuales vivir»:
- Eclesiastés 1:1-9
- Eclesiastés 12:9-14
- Romanos 1:18-2.2

TIEMPO DE ORACIÓN
Amado Señor, ayúdame a vivir día por día sujeto a la autoridad de tu Palabra. **Específicamente te pido que:**

Otros libros de esta serie:

LA AGENDA DEL REINO - *Comunidad renovada* - LÍDER
LA AGENDA DEL REINO - *Comunidad renovada* - GUÍA PARA EL ALUMNO

LA AGENDA DEL REINO - *Iglesia victoriosa* - LÍDER
LA AGENDA DEL REINO - *Iglesia victoriosa* - GUÍA PARA EL ALUMNO

LA AGENDA DEL REINO - *Discipulado personal* - LÍDER
LA AGENDA DEL REINO - *Discipulado personal* - GUÍA PARA EL ALUMNO

LA AGENDA DEL REINO - *Familia saludable* - LÍDER
LA AGENDA DEL REINO - *Familia saludable* - GUÍA PARA EL ALUMNO

por el Dr. Tony Evans

Nos agradaría recibir noticias suyas.
Por favor, envíe sus comentarios sobre este libro
a la dirección que aparece a continuación.
Muchas gracias.

EDITORIAL VIDA
7500 NW 25th Street, Suite 239
Miami, Florida 33122

Vida@zondervan.com
http://www.editorialvida.com